人を遺《のこ》すは上《じょう》

専属マネージャーが
はじめて明かす
野村克也　言葉の深意

小島一貴

日本実業出版社

はじめに

2020年2月、野村克也監督がお亡くなりになった。私が以前在籍していた代理人事務所は、2006年から監督の個人事務所としてお仕事をさせていただくことになり、私が監督の担当者になった。ちょうど監督が楽天の監督に就任された年である。

そのため私は、野村克也氏が楽天監督を退任したあとも今に至るまで、氏のことを「監督」と呼んでいる。15年近くの間、個人マネージャーとして監督の取材・出演に何度も同行させていただくことになった。

正直に言うと、最初は必ずしも楽しいとは思えなかった。当時、監督のスケジュールの管理は沙知代《さちよ》夫人が行なっており、案件ごとに夫人とのやりとりが生じ、毎回のように叱られ、怒鳴られていたからだ。ただ、マネージャーとして近くで聞く監督のお話は、本当に興味深かった。

ちょうど私が子どもの頃や学生の頃に見ていた野球界の話だからかもしれないが、一つひとつの話が面白いし、何よりも監督の思考の深さにどんどん引き込まれていった。同時に、監督の人柄にも惹《ひ》かれていった。時間が経つにつれ夫人から叱られることも減っていったが、仮に怒鳴られ続けていたとしても、監督のマネージャーを自分から辞めようとは思わなかっただろう。

私は２０１６年に独立したが、その後も数は減ったとはいえ、監督のお仕事はさせていただいていた。２０１７年12月に夫人が亡くなり、２０２０年2月に監督が亡くなった。最後までもっとおそばで、より多くのお仕事をさせていただきたかった、と後悔する気持ちもある。

本書のテーマは、野村監督が遺した数々の言葉の深意を伝えることである。深意と言っても、私がマネージャーとして近くで見聞きした中での深意である。したがってあくまで個人的な解釈であることを、どうかご容赦願いたい。

監督は数多くの著書を残し無数の名言が世に残っているが、実は世間で言われている解釈はやや誤解があるのではないか、と思うこともしばしばあった。

そしてそれと同じくらい多かったのは、「その言葉は単発ではなく、別な言葉とセットになってこそ意味がある」と感じることだ。本文中にもあるように、監督は投手の球種を単品ではなくペアで活用することを説いていた。監督の言葉もまた、単品ではなくペアでこそ深意が伝わると、私は感じていた。

現在の野球界に数多くの人材を遺した監督。その監督の言葉の深意を、たかが個人マネージャーにすぎなかった者が伝えようとするなど、勘違いも甚だしいのかもしれない。

しかしその一方で、長年近くで話を聞き続けた者にしかわからない深意も、きっとあるのだろう。あるいはいくつか成立し得る解釈の一つだととらえていただいてもありがたい。本書で扱った監督の言葉のうち、一つでも読者の方が「ああ、なるほど」と思っていただけたら、私にとってはこの上ない喜びである。

原稿を書き終えて思うのはやはり、監督なら何とおっしゃるだろうか、ということだ。どう転んでも、ほめてくださることはないだろう。

2023年1月　小島一貴

人を遺すは上　目次

第1章 「名言」の裏側にあったもの

第2章 理想の監督像——選手は監督の背中を見て育つ

第3章 評価・評論――独特の戦術眼の秘密

第4章 戦術・戦略——組織を動かす極意

第5章 人材育成論・人生論——根底にあった人を育てる精神

番外編　メディアに出なかった素顔――常に謙虚な姿勢

おわりに

カバーデザイン　トサカデザイン（戸倉 巌、小酒 保子）
カバーイラスト　木内 達朗
写真提供「FLASH」（光文社・長谷川 新）
本文デザイン　浅井 寛子
協力　野村家

第1章

「名言」の裏側にあったもの

生涯一捕手

偶然のきっかけで誕生した「捕手・野村克也」

監督はご自身を表現する際、「生涯一捕手」という言葉を好んで使っていた。色紙には頼まれなければ書かないようだったが、ボールにサインを求められるとたいていこの言葉を書いていた。

監督いわく、ある作家の先生が「生涯一書生」という言葉を色紙のサインに添えていたそうだ。いい言葉だなと思いつつ、自分自身にもあてはまると感じ、その先生に了解を得た上で「生涯一捕手」というフレーズを使うようになった。

「生涯一書生」とは元々は仏教の言葉で、一生勉強の身であるとか、一生勉強をし続ける、というような意味だそうだ。監督は、普通に考えればプロ野球界のレジェンドだ。そんな監督が自らを「生涯一捕手」と表現しているのは、何とも趣《おもむき》深い。

監督は、小学校のときは貧乏で野球などする暇がなく働いていたが、中学になって友だちに声をかけられて、ようやくボールに触れることができた。

打つことも投げることも最初からうまくできたので投手をやってみたいと思っていたが、もう一人投手希望の選手がいて、「おまえはキャッチャーが向いていると思うよ。おまえがキャッチャーだと投げやすいから」と言われて捕手になったそうだ。

「今思うと、そいつがピッチャーやりたかっただけだろうな。でもそのおかげで捕手の道へ進んだ」

このように振り返っていた。歴史に残る「生涯一捕手」の誕生は、偶然のきっかけによるものだったのである。

捕手のレギュラーになって2年目くらいの頃、すなわちプロ入り5年目くらいの頃に、ピッチャーにサインを出すのがこわくなって指が動かなくなったそうだ。

ある試合の前、当時の鶴岡一人《つるおかかずんど》監督に「サインが出せません」と言うと「何ぃ、じゃあ外野へ行け！」と言われ、5回くらいまで外野で守ったが、「いいからキャッチャーやれ！」と戻されたのだという。

「自分のサインで投手やチームの運命が決まると思うとこわくなってきた。配球は誰も教えてくれないし」と振り返っていた監督。この頃はまさしく「一捕手」としてもがいていた時代だと言えよう。

球団スコアラーの尾張久次《おわりひさつぐ》氏のデータを見て、「自分に対しては0ストライク2ボールから一球も内角はなかった。これがデータに興味を持ったはじまり」だと振り返っていた。以後、捕手として打者を間近で観察しながら配球を研究し、またその研究を打席でも活かした。

ある試合で3アウトを取りダグアウトに戻ると、広島から移籍してきた古葉竹識《こばたけし》氏が「うまいこと投げさすもんやのぅ」と唸った。「そんなふうに言われて、悪い気はしなかったなぁ」と監督は感想を漏らしていた。「生涯一捕手」が自信を深めていったのはこの頃だった。

「二流投手の球を受けるときが、オレの腕の見せどころ」

1973年に巨人とのトレードで獲得した投手の山内新一氏は、それまで4年間で14勝。ひじの故障で前年は0勝。ひじが伸びなくなってしまっており、真っすぐがスライダー回転する。巨人ではそれを直さないとだめだと言われていた。

監督は当時を振り返って、「いわゆる真っスラ、今で言うカットみたいな球を投げていた。真っすぐの腕の振りでひねってないから、打者には見分けがつきにくい。それは十分に使えるよ、と言ってやった。ある試合で全球真っスラでどこまでいけるかやってみよう、と試してみたら完封しちゃった。それで自信をつかんだな」

結局この年は20勝の大活躍だった。

一方で山内氏も、「巨人の森（祇晶《まさあき》氏）さんは一流投手をリードするのがうまい。南海の野村さんは二流投手をリードするのがうまい」と監督を評価していたそうだ。「生涯一捕手」が数多くの投手のキャリアを救っていた。

監督は現役時代、こう思っていたという。

「一流投手は誰が受けても一緒。南海で言えば杉浦（忠《ただし》氏）。捕手はやることない。

でも二流の投手は捕手のリード次第、オレの腕の見せどころだと燃える。オレ自身がテスト生上がりだから、若手や実績のない投手を何とかしてやりたいと張り切った」

ここでは、「この選手を何とかしてやりたい」という監督の愛情が垣間見える。

・ボールカウントは12通り

・配球は高低、内外角、速い遅い、ストライクボールの４つのペアで成り立つ

・変化球の対応の仕方で打者はA～Dの４タイプに分かれる

こうした監督の捕手論、配球論は野球ファンの間では有名になっているが、時には誰も考えつかないような「捕手論」を披露してくださった。

「9人守っている中で、キャッチャーだけファウルグラウンドにいる。なぜか？　中に入っちゃいけないというのは、外から冷静に戦況を見よ、ということなんじゃないか」

言われてみればそんな気がする。そもそも他のポジションはファウルゾーンに守ってはいけないのだが、逆に捕手だけはファウルゾーンにいなければならない。このことに気がつく野球経験者はどれだけいるだろうか。

また監督自身、本塁に突入してくる走者に熱くなり、ひじをぶつけるようにブロックをして鎖骨を折ったことがあり、そのせいで数々の連続記録が途絶えてしまったことがあるそうだ。自分自身への戒《いまし》めとして、捕手の役割をあらためて見つめ直したのかもしれない。

捕手として投手をリードすることに生涯をかけて研究し続けた監督は、「キャッチャーは楽しい、やめられない。オレは生まれ変わってもキャッチャーをやる」と言っていた。また、「野球がわかったなんて言えないよ。今も勉強中だ」とも。いずれも80歳を超えてからの監督の弁である。

間違いない。今この瞬間も監督は「生涯一捕手」として野球を勉強している。生まれ変わったときにそなえて準備をしているはずなのだ。

監督の深意

捕手は「外から冷静に戦況を見よ」

無形の力

「有形の力」との対比で見えてくるもの

野球における「無形の力」とは何か。

一般的にはあまりなじみがなく、イメージしづらい言葉かもしれない。監督が楽天で指揮を執りはじめた2006年のシーズン、楽天は「無形の力を養おう！」というスローガンを掲げた。監督の著書の中にも『無形の力』というタイトルのものがある。

このように、監督はたびたびこの言葉を用いているのだが、その割には世間における認知度は今一つのようだ。監督自身も自チームの選手、コーチには「無形の力」の内容について説明したと思われるが、一般向けのインタビューなどではほとんど説明したことはないと思う。

監督の言う「無形の力」をイメージするためには、その対義語である「有形の力」をイメージすればわかりやすい。

野球における「有形の力」とは、打者で言えば遠くに飛ばす力だったり、投手で言えば速球の速さや変化球の鋭さだったり、あるいは走者の足の速さだったりなど、野球をプレーする上での直接的な能力のことを言う。内野手がゴロをさばく捕球の能力や、外野手が打球に追いつく脚力、捕手が盗塁を阻止する肩の強さなども「有形の力」である。当然のことながら、チームを構成する選手たちの「有形の力」が優れていれば優れているほど、試合を優勢に進めることができる。

ただ、野村監督が指揮を執ったチームは、特に就任当初、いずれもこうした「有形の力」が優れているとは言い難いチームばかりだった。南海、ヤクルト、阪神、楽天で監督を務めたが、前年の成績はそれぞれ6位、4位、6位、6位。前年4位だったヤクルトにしてもリーグ優勝から12年も遠ざかっていた。そこで監督が選手たちに浸透させようとしたのが「無形の力」なのである。

監督いわく、「有形の力」には限界があるのだという。たしかに現代の野球においても、180キロの速球を投げられる投手はいないし、200メートルのホームランをかっ飛ばす打者もいない。さらに言えば、プロ野球には日本中から、いや世界からも、能力の高い選手が集まっている。そんな中で「有形の力」を磨いて優位に立とうとしても、自ずと限界がある……監督はそんなふうに語っていた。

監督自身も現役時代、「有形の力」に恵まれているとは思っていなかったようだ。「オレはテスト生だから、足は速かったんだぞ」とはよく言っていたが、それでもキャッチャーをやっているうちに遅くなっていったそうだ。肩もプロのキャッチャーとしては抜群というほどではなかったらしい。打撃も遠くに飛ばす能力はあったものの、プロのカーブになかなかついていけなかったという。

出発点は投手のクセを見抜いたことと相手バッテリーの配球の研究

だからこそ監督は、投手のクセを見抜くことや配球を研究することで、球種を読む力を磨いた。真っすぐを待っていてカーブに対応することは苦手だったが、カーブだとわかっていれば打てるという自信があったからだ。

この打者としての「読み」の能力は、捕手としてのリードにも大いに生きた。それは相乗効果を生み、「オレはキャッチャーをやってなかったらあんなに打てなかった」は監督の口癖である。

投手のクセの研究と相手バッテリーの配球の研究は、監督における「無形の力」の出発点であり、真骨頂だった。楽天時代のある選手は、「ベンチで監督が相手バッテリーの配球をズバズバ当てていて、それを聞いて驚いた」と証言している。

ヤクルト時代のある選手は、「野村監督はエンドランを出すタイミングがうまい。打者がやりやすいカウント、球種でサインを出してくれる」と感心していたが、これも相手バッテリーの配球を読んだ上でのタイミングだったのだろう。

さらに監督がすごかったのは、「無形の力」への探求心が、打者を含む投本間の世界にとどまらなかったことだ。

例えば走者を観察していると、たいていの走者はサインが出たあとに挙動に表れるのだという。この観察眼によって盗塁やエンドラン、スクイズなどを何度も見抜いたそうだ。ヤクルト時代のある選手は監督に、「おまえは盗塁するかどうかすぐわかる」と指摘され、その後は1塁ランナーに出たときは相手に見抜かれないよう、全球偽装スタートを切っていたという。

「無形の力」とは何か、おおよそのイメージは浮かんできただろうか。監督は、相手の雰囲気、気配などを感じ取り、次の一手を読む力のことを、「無形の力」と表現していた。もちろん、感じ取って読むためには相手を観察し、データやクセを研究する必要がある。データの収集・解析、クセの研究なども含めて、「無形の力」なのだ。

こうした「無形の力」を養うことによって、仮に「有形の力」で劣っていても、試合に勝利できるし、優勝することもできる。「無形の力」をフル活用した戦い方は、野村野球の大きな特徴の一つである。監督に就任した4つの球団がいずれも当初は成績の振るわないチームだったことから、このような戦い方を「弱者の戦略」とも表現していた。

雰囲気や立ち居振る舞いも「無形の力」

それだけではない。監督はチームに漂う雰囲気なども「無形の力」だと考えていた。ON時代は巨人のユニフォーム姿を見るだけで勝てる気がしなかったと言い、そのような雰囲気をチームとして醸し出せることも「無形の力」なのである。

ヤクルト時代の後半には、「12球団の中で一番進んだ野球をやっているのだ」という自負を選手たちに持たせることに成功し、戦う前から相手に対して優位に立つことができた。これも「無形の力」である。

南海時代、苦戦している試合中にチームの雰囲気を一変させるような声をかけることができる選手がいて、あるオフシーズン、その選手がクビになりそうになったときには球団にかけ合って阻止したそうだ。このような選手の存在も「無形の力」なのだ。もっと言えば、監督がベンチに座っているだけで相手の選手たちは「何をやってくるのだろう」と戦々恐々としていた。そのような存在感も「無形の力」と言える。このように、監督がイメージする「無形の力」はかなり広い範囲にわたっている。

さらに一歩進んで、監督は「無形の力」の究極のメリットについても強調していた。「無形の力には限界がない。クセや配球を研究すればするほど、相手の動きを読めるようになる。読みの確率が上がるほど、勝つ確率も上がる。有形の力は限界があるしいつか衰えていくものだけど、無形の力には限界も衰えもない。だから強いんだ」

監督は「無形の力」を武器に45歳まで現役を続け、歴代2位の本塁打数を記録し、監督としても1500以上の勝ち星を積み重ね、現在のプロ野球界に大きな影響を遺した。「無形の力」は、監督の最大の武器だった。

監督の深意

「有形の力」と違って「無形の力」には限界も衰えもない

敵は我にあり

敵は自分自身、自分との闘いの日々

この言葉は監督の著書『敵は我に在り』のタイトルになっている。

「並みの選手にとって敵は相手だが、一流選手にとって敵は自分の中にある」

一般的には監督がそのように言っていたと伝わっているが、それ以上に踏み込んだ話はあまり聞かれない。

監督は正面から「敵は我にあり」について語ることは少なかったが、数々のエピソードの中にこの言葉の意味を感じさせることはしばしばあった。

例えば現役時代、一流選手になっていた監督は、夜遊びもしていて帰宅が遅くなることも多かったという。

「そういうとき、今日はもういいかなと思って布団に入るんだけど、疲れてるはずなのになかなか眠れないんだよ」

結局は起き出して、素振りをしてから寝ることになるのだそうだ。

「張本《はりもと》（勲《いさお》氏）が『素振りはオレの睡眠薬』と言っていたけど、よくわかる。素振りしないと眠れないんだ。やっぱりやるべきことをやっておかないと不安になるんだな」

一流選手になり誘惑も多かった監督にとって、まさに敵は自分自身であり、自分との闘いの日々だったようだ。

プロ野球界では古くから三原脩《みはらおさむ》監督、水原茂監督、そして野村監督の現役時代の師である鶴岡一人監督が「三大監督」と呼ばれていた。監督はここに、川上哲治《てつはる》監督と西本幸雄監督を加え、「五大監督」と呼んでいた。その西本監督は、あの「江夏の21球」で江夏豊氏のいる広島に敗れた近鉄の監督だった。この試合を解説者として球場の放送席で見ていた監督は、後日こんなことを語っていた。

1979年の日本シリーズ、3勝3敗で迎えた第7戦、3対4と広島1点リードで迎えた9回裏の近鉄の攻撃でのこと。

「9回裏、無死満塁になったところで一瞬、ベンチの西本さんがニヤーっと笑ったのが見えたんだ。あ、まずいな、と思ったら、案の定だよ」

近鉄はスクイズを外されるなどして1点も奪うことができず、惜しくも敗退した。西本監督は監督を20シーズンも務め8度もリーグ優勝しながら一度も日本一になることができず、「悲運の名将」と呼ばれている。監督は「敵は我にあり。勝負事、喜ぶのは勝ってから、だよ」と語っていた。

敵は「他チーム」ではなく「自分自身」だった

1992、93年の西武vsヤクルトの2年連続の日本シリーズは、今も野球ファンの間で語り継がれている。

92年の第1戦の延長12回、ヤクルトの杉浦亨《とおる》氏は代打サヨナラ満塁本塁打を放つ。そして3勝3敗で迎えた第7戦、同点で迎えた7回裏ヤクルトの攻撃、一死満塁の場面で再び杉浦氏が代打で起用された。結果はフルカウントからバットを折りながらのセカンドゴロ。三塁走者の広澤克己《かつみ》氏のスタートが遅れて本塁で憤死した、あの場面だ。

「高めのストレートという甘い球がきて、『きた！』って思ったんだろうね。第1戦の満塁ホームランの記憶があったのか。喜ぶのが0・1秒早かった」

この好機で点を奪えなかったヤクルトはそのまま敗れた。

「オレも似たような経験があるからわかる。喜ぶのは結果が出てからにしなきゃいけない」

当の杉浦氏は違ったご見解を持っているようだが、監督はこのエピソードも「敵は我にあり」という文脈でとらえていた。

他ならぬ監督自身も「敵は我にあり」と痛感しながらヤクルト時代を振り返っていた。

「1992年は日本シリーズで西武に負けて悔しかったから、1993年は絶対日本一になろうと号令をかけて、実際そうなった。でも翌年は4位。1995年以降も優勝の翌年は4位を繰り返している。これはねぇ、オレに問題があるんだ。日本一になると、オレ自身がどうしてもホッとしちゃう。そんなつもりはないんだけど、どうしても態度に出てしまって、それがチームに伝わるんだろうな。だから連覇ってのは大変なことだよ。ましてや川上さんのV9なんて、気が遠くなる」

ヤクルト時代の後半は戦力も整い、毎年のように優勝候補の筆頭だったことを考えると、この頃の監督にとってはまさに、敵は他チームではなく自分自身だったのだろう。

監督は「敵は我にあり」を意味する具体的なエピソードをいくつも、鮮明に記憶していた。自らの失敗はもちろんのこと、他人の失敗からも学ぼうとする謙虚な姿勢は、晩年になっても変わらなかった。

監督の深意

敵は他チームではなく自分自身

理をもって接する。理をもって戦う

ほめ言葉をかけるときは、タイミングを計っていた

野村監督は数多くいるプロ野球の監督について、大きく分けて3通りのスタイルがあると考えていたのは先述した通りだ。三原脩氏、水原茂氏、鶴岡一人氏の三大監督を引き合いに出し、「情」の三原、「理」の水原、「恐怖」の鶴岡、と分類していた。川上哲治監督も「理」の監督であり、星野仙一《せんいち》監督が「恐怖」の監督なのは誰もが頷くところだろう。ただし例外もあって、西本幸雄監督は「熱心さ」がスタイルだと語っていた。

「最近のプロ野球では『恐怖』の監督はだいぶ減ったな」と振り返っていたときは、

少し寂しそうだった。ライバルである森祇晶監督は「理」の監督。そして、野村監督ご自身も、もちろん「理」の監督だと自認していた。

では、監督が言うところの「理」とは何だろうか。一般的に、この「理をもって接する。理をもって戦う」という監督の言葉は、以下のように説明されているようだ。「理」とは、知識、知恵、考え方を指す。監督は何事も「理に適《かな》っているかどうか」を根本的に考えていて、投球も打撃も、戦術も試合運びも、「理」がなければならない、と語っていた。監督は、「理」なくして技術だけでは勝つことはできない、と考えていた——。

何となく、わかったようなわからないような説明だと思うのは、私だけではないだろう。もう少し補足が必要だと思う。

「理」とは確かに、知識、知恵、考え方ではあるのだが、監督は「理論の理」とも言っていた。要するに「理」そのものが「理論」でもあり、「理にかなっていること（理に適った論）」をも包含するのである。

つまり「理をもって接する」というのは、「理論をもって人に接する」という意味であり、「理をもって戦う」とは、「理論、もっと言えば理に適った戦法、戦術、戦略をもって、（野球の）試合やシーズンを戦う」という意味だと考えられる。

このことを踏まえてみると、監督の人に対する接し方はなるほどと思える。監督は自チームの個々の選手に対して、ほめ言葉をかける内容やタイミングを考え抜いていた。

「多くは語らなくてよい。たった一言、ここというタイミングで声をかけてやるだけで、選手は変わる」

こう言っていたが、その原点は自身の体験にある。

選手の状態が手に取るようにわかる

監督が「あの一言があったから、オレはここまでやってこれた」とまで言っていた一言がある。南海での若手時代、大阪球場の通路ですれ違った際の、鶴岡監督の一言だ。

「野村、おまえ、ようなったのう」

「普段は球場で挨拶しても無視されて、何も返ってこないのがほとんど。あっても『おう』くらい。それがそのときだけは、なぜかこんな言葉をかけてくれた。よく考えてみたら、鶴岡監督に直接ほめられたのはあとにも先にもそのときだけ。でも、この一言が効いた。本当に大きかった」と監督は振り返り、「まさにツルの一声」と言って笑っていた。

監督の記憶によれば、この声がけがあったのはプロ入り4年目のシーズン中。この一言で自信を持ち、この年、初の本塁打王を手にする。ここぞというタイミングで、これしかないという言葉をかける。これこそが人をほめるときの極意だと学んだという。

そして監督になってからは、この鶴岡監督のやり方を真似ていたそうだ。

もっとも、ほめ言葉を最高の内容とタイミングで、しかもシンプルに伝えることは、簡単なことではない。しかし監督には誰にもない強みがあった。

「オレはテスト生からレギュラーになり、四番になりタイトルも獲って、キャプテン、果てには兼任監督にもなった。選手が経験するプロセスは一通り経験している。だから、その選手が今、何を考えているか、何に苦労しているのか、手に取るようにわかる」

監督は、自身の体験や、誰よりも豊富な選手としての経験を踏まえて、選手に対して「理をもって接して」いたのだ。監督の下で数多くの選手が再生され、「野村再生工場」と呼ばれたのも納得である。

「理をもって戦う」についても、捕手としてあるいは打者として、誰よりも配球を研究し続けた経験を活かして試合を戦っていた。

例えば、盗塁を成功させる確率は、直球よりも緩い変化球が投じられるタイミングでサインを出すことで向上する。配球を読むことにおいて、監督の右に出る者はいないだろう。

また、長いシーズンを戦うための戦術、戦略も理論的に検討していた。例えば、シーズン開幕直後の春にアッと驚くような奇策を見せると、相手は委縮し、その効果が1年間持つというものもある。世界に先駆けたクイックモーションやギャンブルスタートなど、野球を誰よりも研究し数々の戦術を開発してきた監督だからこそ、新戦術を高い確率で成功させることができた。しかも、奇策が与える効果を持続させることとまで考えていたのである。そこには監督の豊富な経験に裏打ちされた、理論的な計算が働いていたのだ。

監督は「理」や「理論」にこだわって、その野球人生を全うされた。その結果、現在のプロ野球界では、無数の「野村チルドレン」たちが指導者として活躍している。彼らは野村野球こそが原点だと言い、あるいは野村野球は現代でも通用する部分があると言う。理をもって接し、理をもって戦った監督が遺したものは計り知れない。

監督の深意

選手に対して「理をもって接した」

覚悟に勝る決断なし

３２０４試合をこなした「決断」のプロ

何かの取材の機会で、監督は「判断」と「決断」の違いを説明してくれた。

「判断」とは、判断の材料となる情報、状況などを踏まえ、ある程度時間をかけて結論を出すもの。これに対して「決断」とは、材料はあったとしても検討する時間的余裕がほとんど、あるいはまったくない中で結論を出すもの。考えようによっては無数の「判断」の上に「決断」があるとも言える——そんなふうに教えてくれた。

近年、野球は試合時間が長く、他のスポーツに比べて冗長であるため、人気も失われているのではないか、という声がある。それでも１試合当たり３時間程度で結果が出るのだから、一般的な仕事に比べたらはるかに短時間であり、１試合の中で「判断」よりも「決断」を迫られることは多い。

監督は、監督としてだけでも３２０４試合もこなしている。これは三原脩氏に次いで歴代２位の記録だ。そして、その中で求められる「決断」を下した回数は誰よりも多いだろう。

つまり、監督は野球の試合における「決断」を下す経験が誰よりも多い、いわば「決断」のプロなのである。そんな監督が、「覚悟に勝る決断なし」と言うのだから間違いない。

この言葉をわかりやすく言えば、正しい決断を下したければ「覚悟」を持て、腹をくくれ、ということだろう。確かに、欲やしがらみなどの邪念が入り込んでしまっては、「決断」も鈍る。そうした邪念が入らぬよう、自分は「決断」を下す責任ある立場にあるのだという「覚悟」をしなければ、正しい「決断」はできないのだ。

では、監督はプロ野球の監督として、どのような「覚悟」を持っていたのだろうか。取材などでプロ野球の監督について語るとき、「『失敗』と書いて『せいちょう』と読む」とよく語っていた。野村監督が遺した言葉の中でも人気が高いものの一つだろう。人間が生きていく中で失敗は必ずあり、失敗から学んでこそ人間は成長する。たくさん失敗をしなさい、そしてそこから学んで大いに成長しなさい。監督のそんなやさしい声が聞こえてきそうな言葉だ。

実際、晩年にインタビューなどでこの言葉について語るときの監督のトーンはやさしく、表情は温和だった。

人間は失敗から学ぶのだ、などということは誰でも知っていることに思えるが、「失敗」に「せいちょう」というルビをふるかのような表現によって、より直接的に「失敗」と「成長」が結びつく。その意味では、「失敗は成長の母」という言葉よりも力強く感じられる。将来ある若者へのエールであると同時に、若者を指導する側の大人たちに対して諭すような言葉にもなっている。

人を成長させた監督の「情」

監督自身が、「あえて失敗させた」と後日語っていたエピソードがある。あの松井秀喜氏がプロ入り第1号本塁打を放った場面。投手は高津臣吾《たかつしんご》氏（現ヤクルト一軍監督）だった。

このとき監督の狙いは2点あったそうだ。1点目は大物ルーキーの松井氏が内角の速い球に対応できるかどうかを確認すること。2点目は、まだ若手だった高津氏に、プロでは真っすぐだけでは通用しないことを理解してもらうこと。結果的にはどちらの狙いも監督の思惑通りだった。高津氏はこの試合でプロ入り初セーブを挙げ、シーズン20セーブを挙げてクローザーとなり、日本一にも貢献した。その後はMLBでも活躍するなど、日本屈指のリリーフ投手になった。まさに、「失敗と書いて『せいちょう』と読む」を絵に描いたようなエピソードである。

本来、プロ野球は勝負の世界であり、二軍ならともかく一軍の試合において、失敗から学ぶなどというプロセスはやや悠長にも聞こえる。目先の1勝にこだわるのもプロ野球の厳しさだと言えよう。それでも監督は、特に若手の選手たちが「失敗」から「せいちょう」する機会を与えようとした。なぜなのか。その背後には、選手たちに対する監督の「情」があったのだと思う。

ヤクルト時代の教え子である吉井理人《まさと》氏（現ロッテ一軍監督）が、こんなエピソードを教えてくれた。

引退したときに自身の資料を整理する中で、ある試合のビデオを見てみたところ、先発投手は吉井氏自身だったが、序盤から見るからに調子が悪そうな様子だったそうだ。「これは5回持つかどうかだな」と思って見続けていたが、なかなか交代しない。結局、あれよあれよと最後まで投げ、打線の援護もあって完投勝利になっていたのだという。

「野村監督って、こういう投手起用ができるんだよな。理詰めに見えて、実は情のある選手起用をする」と吉井氏は感心していた。


ところが監督自身に言わせれば、このような投手起用についてはとても自虐的だ。「オレはヘボ監督だよ。『このピンチを乗り越えたら成長するんじゃないか』とどうしても情が入って、投手交代が遅れる。それで試合に負けたこともある。オレはお人好しで勝負事には向いてない」と手厳しい。

しかし吉井氏もその後ＭＬＢで活躍し、引退後は名投手コーチとして多くの投手の育成に携わり、その功績が評価されて今シーズンからロッテの一軍監督に就任している。監督の言葉の通り、吉井氏も監督の下で「ピンチを乗り越えて成長した」のだろう。

チームの成績が悪ければ、真っ先にクビになるのがプロ野球の監督である。そんな状況下で、「このピンチを乗り越えたら成長するんじゃないか」と選手に対する「情」を前面に出して采配を振るうことができる監督は、果たして何人いるのだろうか。

「失敗」と書いて「せいちょう」と読む、という監督の言葉は、監督の厳しさがあふれ、同時に監督の優しさもあふれている言葉なのだ。

雑誌などの取材時に、監督は決まって次のように答えていた。

「『組織はリーダーの力量以上に伸びない』という大原則があるじゃない。リーダーとは会社で言えば社長。会社は社長の力量以上に業績を伸ばせないし、大きくならない。野球チームで言えばリーダーとは監督のこと。球団の場合は(登録選手数が決まっているため)大きくはならないけど、球団という『組織』が『伸びる』とはすなわち優勝することであり、優勝できるようになったら今度は常勝球団にならなきゃいけない。つまり球団が強くなるかどうかは、監督の力量にかかっている。だから監督は常に勉強して、成長しなきゃいけない」

また、こんなことも語っていた。

「監督であるオレの指揮に70人の選手とその家族の生活がかかっている。コーチも裏方もいるから何百人だよな。責任重大、生半可な気持ちじゃできない。ましてやオレが監督するのは弱いチームばっか。好き嫌いで選手を使う余裕なんて、とてもない。ある戦力はすべて使わないと」

監督はどのチームに行っても、こうした「覚悟」を持って球団を率いていたのだろう。だからなのか、野球に対する探究心は最後まで衰えなかった。現役時代には誰よりも野球を勉強し、ヤクルト監督就任時には誰よりも野球に詳しかったはずだが、それでも勉強を続け、「ギャンブルスタート」などの新戦術を編み出している。80歳をすぎても、「声がかかれば監督をやる」と言う一方で、「野球がわかったなんて、とても言えないよ。この歳になってもわからないことがたくさんある。まだまだ勉強だ」と語っていた。

チームにかかわるすべての人々の生活が監督である自分にかかっている、という悲壮な「覚悟」。監督は数多の「決断」を通して率いた各チームを強くしたが、一つひとつの「決断」の土台にあったのは、最後までゆるぎなかった監督としての「覚悟」だった。

監督の深意

チームにかかわるすべての人々の生活が監督である自分にかかっている

勝ちに不思議の勝ちあり、負けに不思議の負けなし

負け試合には必ず敗因がある

数多くの名言を残した野村監督。その中でもファンの人気第一位はこの言葉になるのではないか。私も監督に出会う十数年前、この言葉を聞いたときには衝撃を受けた。野球に限らずスポーツや勝負事をしたことがある人なら、誰でも頷ける言葉だ。

この言葉、私自身も監督が考案したものと勘違いしていたのだが、実は江戸時代の平戸藩主である松浦静山《せいざん》という人物が遺した言葉なのだという。松浦は藩主でありながら剣の達人だったとのこと。「野球の達人」とも言える監督も、この言葉を気に入ったのだろう。

この言葉の意味は今さら私が説明する必要もないだろうが、一応記しておく。
「勝ち試合の中には勝つべくして勝ったという試合もあるけど、こっちも不甲斐ない内容なのに相手が自滅してくれて勝てた、という試合もあるじゃない。だけど、負け試合には必ず敗因がある」
監督に言わせればこのような感じだった。

私がマネージャーを務めていた監督の評論家時代、インタビューでも講演でも、仕事先で色紙にサインを求められることは多かった。相手方の指定がないとき、監督は通常、「野球に学び、野球を楽しむ」という言葉を添えてサインをする。「野球」にはいつも「しごと」とルビをふっていた。そして、相手方から指定がある場合に、よくお願いされていたのが冒頭の言葉だった。

こうした要望を受けると監督は、「書いてくれってあまり言われたことないから、うまく書けないけど……」と必ず前置きをしていた。もちろん見事な達筆で相手は大喜びなのだが、そんなシーンを私だけでも何度も見ているので、「勝ちに不思議の……」を頼まれることは多かったはずだ。「あまり言われたことないから」は、監督なりの謙遜だったのか、あるいは失敗したときの保険だったのか、おそらく両方の意味だったのだと思う。

負け試合のあとに機嫌がいい？

さて、この言葉を聞いて、「さすが野村監督、素晴らしいことをおっしゃる」という理解で留まっていては、監督の深意を理解したことにはならない。

監督はこのように不思議な勝ち試合があることを言語化し、首脳陣や選手に意識させた上で、勝ち試合で発生した反省点をどうやったら彼らがしっかりと振り返ってくれるか、そしてそうすることでチームを進化させることができるか、まで考えていた。参考にしたのは、やはり南海で現役時代をすごしたときの監督である鶴岡一人氏だ。

監督に言わせると、鶴岡監督は負け試合のあとは機嫌がいいが、勝ち試合のあとは機嫌が悪いのだという。最初はなぜかわからなかったが、捕手としてキャリアを積むうちに、鶴岡監督の狙いがわかってきたそうだ。負け試合のあとは、選手たちもそれぞれ反省点があるし悔しいので、次に勝つためにはどうしたらよいか、放っておいても考える。だから鶴岡監督もことさらに反省を促す必要はない。

しかし勝ち試合のあとは、選手たちはどうしても反省しようとしないし、仮に反省したとしても深く追及しない。勝ち試合の中での小さなほころびを放置していれば、いずれそのほころびは大きくなり、試合の勝敗、ひいてはシーズンの成績を左右するようになる。それゆえに鶴岡監督は、勝ち試合のあとこそ、選手たちに反省点を追及させようと機嫌悪く振る舞っていたんだろう、とのことだった。

監督は一般的には鶴岡氏のことを「根性野球、精神野球」「学ぶところはなかった」などとあまり評価していないように話していたが、こうした細部の話になると、実は鶴岡監督を参考にしていた部分は少なくない。

そして、「さすが三大監督（三原、水原、鶴岡の三監督）だよ。大監督と言われるだけのことはある」と高く評価することもしばしばだった。もちろん、監督も鶴岡氏の選手操縦法を見習った。勝った試合こそ選手や首脳陣に反省してもらうために、不機嫌に振る舞っていたそうだ。

こうした一連の逸話を語った最後に監督が持ち出すのは、誰もが知っているあの言葉だった。「まさに、『勝って兜《かぶと》の緒を締めよ』だよ」。

監督の深意

常に反省させるために、勝ち試合では不機嫌に振る舞った

第2章 理想の監督像

——選手は監督の背中を見て育つ

あいつはすごいぞ

最上級に評価したのは「落合」と「イチロー」

監督は私が同行しただけでも無数のインタビューを受けてきたが、「これまで見た中で一番すごかった投手は？」とか、「今まで見た中で一番うまかったショートは？」などの質問を苦手にしていた。

「オレ自身も今は目が肥えちゃってるから……。若手の頃、南海のレギュラーの内野手は『１００万ドルの内野陣』なんて呼ばれていて守備がうまいなぁと思っていたけど、今見たらどうかわからないし……」

というのがその理由だ。監督自身の評価基準がそのときそのときで異なるから、一概には言えないというわけである。

つまり、監督が選手を評価する基準は、常に過去よりも今が厳しい、ということになる。そのような厳しい評価基準の中で、監督が晩年になっても高く評価していた選手は多くない。特に、監督よりも若い選手となると、相当限られる。そんな中でも監督が最上級に評価していた打者は、左ならイチロー氏、そして右なら落合博満《ひろみつ》氏である。

監督が落合氏を評するとき、第一声はたいていこうだ。

「あいつはすごいぞ。三冠王を3回だぞ。ちょっと考えられない。普通1回獲るだけでも大変なのに3回だぞ」

そして、こう続ける。

「オレが三冠王になったのは本当にラッキーだった。その年（1965年）はたまたま、榎本（喜八《きはち》氏）とか張本（勲氏）とか、普段打率がいい選手が軒並み不振。それで打率3割2分のオレが首位打者になっちゃった。首位打者になったのはその1回だけ。本塁打は終盤まで競っていたスペンサーがシーズン終盤に事故にあって決着がついた。だからオレの三冠王は運だけ。でも落合は3回も獲っているんだから、運ではなく実力だということ」

落合氏の一軍デビューは1年目の1979年。このときは監督もまだ現役捕手で、所属は西武ライオンズ。同じパ・リーグで対戦があったそうだが、「なぜかわからないけど打たせたくなかった」とのこと。

まだ落合氏が優れた打者かどうかもわからなかった頃だが、そうなりそうな雰囲気は当時からあったという。

名プレーヤー、名将同士だからわかる会話

時代は流れ、落合氏は中日の監督になり、監督は楽天で指揮を執ることになった。リーグが異なるが交流戦での対戦はある。中日の本拠地であるナゴヤドームでの対戦では、試合前の練習中に落合氏のマネージャーが必ず監督を誘いに来るのだという。

「野村監督、うちの監督が監督室で待っております」と。

そんなことが何度かあったので、あるとき、いつものように球場の廊下を歩いて落

合氏が待つ監督室に向かいながら、監督はマネージャーに質問した。

「落合って、いつも相手の監督を試合前に呼んで話するの？」

「いいえ、野村監督だけです」

「ふーん、そう……」


そんなやりとりを経て落合氏が待つ部屋に着くと、監督は落合氏に質問した。

「おまえ、他の監督のときは呼んで話したりしないらしいじゃないか。なんでオレのことは呼ぶんだよ」

すると、落合氏はこう答えた。

「だって、他の人とじゃ野球の話にならないじゃん。野球の話ができるのはノムさんだけだもん」

監督は落合氏のことを最大級の賛辞で認めていたが、落合氏もその独特な表現で、監督のことを認めていたのだろう。

監督は落合氏との会話について、細かな内容を明かすことはほとんどなかったが、落合氏の印象をこんなふうに語っていた。

「落合は話すことがすべて前向き。悲観的な話は一切しない。それが三冠王の源なんだろうな。オレとは正反対や」

また、こんな表現もされていた。

「イチローとはタイプが異なるけど、共通しているのは頭がいいこと。そして突出した打撃センスだね」

監督としての落合氏に対して、監督がアドバイスすることもあったようだ。

「監督ってのは広報部長も兼ねている。試合後の監督の談話によっては、チームや選手への注目度も上がる。プロ野球は人気商売。もうちょっとメディアに話をしたらどうなんだ？」

「あいつら、言ったってわからないじゃん」

「だったら、わかるように話してやれよ」

「……」

そんなやりとりだったらしい。

90年近い歴史を持つ日本プロ野球で三冠王に輝いた打者は、たったの8名。

そのうち右打者は、戦前の中島治康《はるやす》氏、監督、ブーマー氏、そして落合氏である。監督は、監督としても輝かしい実績を残しながら、楽天を退任したあとはついに監督として指揮を執るチャンスがなかった。落合氏も中日の監督として素晴らしい実績を残されている。もう一度、落合監督が見たい。監督もそう思っているに違いない。

監督の深意

落合は話すことがすべて前向きで頭がいい

たかが挨拶、されど挨拶

「関西のマスコミはこわい、冗談も言えない」

監督は1999年から3年間、阪神タイガースの監督を務めた。3年ともペナントレースの成績は6位。しかし監督の退任から2年後の2003年、星野仙一監督のもとで阪神がリーグ優勝したため、世間では「野村の遺産」などと言われることがあった。

監督が指導した3年間があったからこそ、リーグ優勝できるほどのチーム力がそなわった、という評価である。実際、当時の主力選手の中には、「野村監督が阪神を去ってから、監督のおっしゃっていた言葉の意味がわかるようになった」と語っている人もいる。

ただし、当の監督ご自身は、そのような評価を最後まで受け入れなかった。「オレは阪神では何もできなかった」が、監督自身による阪神時代の自己評価である。「オレが育てた選手で優勝したなんて、とんでもない。育ててない」とまで言うこともあったし、「球団は選ばなきゃならん。阪神の監督をしたのは大失敗だった」とも語っている。


監督はなぜ阪神で失敗したのか。監督ご自身の分析によると、理由の一つは関西のマスコミにあったという。

阪神は超人気球団で常に多くのマスコミが同行しているが、記者たちは選手からコメントが取れないと記事を書けず困るので、選手におべっかを使う。中には、選手の成績が上がらないことを監督のせいにする記者もいて、選手と監督の信頼関係が崩れる。ヤクルト時代はマスコミを通じて選手を叱咤激励することができたが、阪神ではそれができない。むしろ阪神では、「マスコミはこわい、冗談も言えない」、こんなふうに述懐していた。

このような監督の認識が正しいのかどうかはわからない。監督の現役時代、南海と阪急がパ・リーグのプレーオフを戦っていても、大阪のスポーツ紙の一面は阪神の主力選手のトレーニングの記事だったという。阪神のおひざ元である大阪で現役時代の大半をすごした監督だけに、関西のマスコミに対する偏見や反感がないとは言い切れない。いずれにしても、ヤクルト時代はマスコミを上手に使っていたはずの監督だが、阪神ではその点でうまくいかなかったことは間違いないだろう。

当時主力選手だった今岡誠《まこと》氏との確執も、マスコミを通じたやりとりが原因だったと言われている。

監督の心当たりは、内野を抜けていく打球に対してショートやセカンドを守る今岡氏が飛び込まず、そのことをマスコミを通じて批判したら今岡氏が立腹した、というものだった。監督はその後、今岡氏を監督室に呼び二人きりになって、「何か不満があるなら言ってほしい」と語りかけたそうだ。しかし、今岡氏は何も言わず立ったまま。時間だけがすぎていく中、仕方なく監督はそのまま二軍に行くよう告げたのだという。

今岡氏としても何らかの言い分や不満があったのだろう。マスコミを通じて選手を批判するというやり方は、必ずしも万人に受け入れられるものではないとも思う。もしかすると、ヤクルトで大成功を収めた監督自身が、ヤクルト時代とは異なる態度や言葉を見せていたのかもしれない。

ただ、その後の今岡氏が首位打者や打点王に輝くなど大活躍した姿を見ると、野村監督時代に真価を発揮できなかったことは残念でならない。もちろん、その責任は監督にもあったはずだ。楽天では山﨑武司氏らに的確な言葉を投げかけ、見事にやる気を引き出していただけに、なぜ阪神でも同じことができなかったのか、つくづく残念である。

監督としての威厳を表そうとしていた、ある方法

今岡氏との確執については正直なところ真相に迫ることは難しそうだが、もう一つ、「挨拶」が監督の立場を悪くしたという話があり、そちらについては私も推察できる部分がある。

監督のもとで2000年の1シーズンのみコーチをしていた伊原春樹氏が、「野村

監督は選手やコーチに対して『挨拶をしろ』と言うのに、ご自身は挨拶を返さない」という趣旨のことを言っていたのだ。

どうしてそんなことになったのか。監督は、人間教育こそ監督の役割だと考えており、選手やコーチに挨拶の重要性を説いていたのは容易に想像できる。阪神でもその教えを貫いたはずだ。ここまではいいだろう。

ではなぜ、挨拶を返さないのか。監督はよく、「選手から監督になると、現役時代に仕えた監督の影響がどうしても出る。オレの場合は鶴岡監督」と語っていた。そして、「鶴岡監督は挨拶してもたいていは返ってこない。『オウ』って言ってくればいいほうで、ほとんどは無視」なのだという。

これは推測だが、監督は鶴岡監督の姿に監督らしさを感じながら現役時代をすごし、だからこそ同じような態度をとることで監督としての威厳を表そうとしていたのではないか。実際に楽天時代の監督は、私が球場で挨拶をしても無視されるか、よくて「オウ」だけだった。その姿にはチームの責任者としての威厳が感じられた。

つまるところ、監督は自身の役割として選手に人間教育を施し、挨拶の重要性を説き、他方で監督としての威厳を表そうとした。その矛盾が、「挨拶しろと言うのに自分は返さない」という不満につながってしまったのではないだろうか。

監督は、ヤクルトでも楽天でも同じようにしていたのだと思う。しかしヤクルトや楽天はいずれも弱くて人気のないチームであり、現状を変えるために監督から何かを学ぼうとする意識を持った選手が多かったのに対して、阪神は弱いが人気はあるチームだった。阪神の選手たちは、ヤクルトや楽天の選手たちほどの危機感を持っていなかったのかもしれない。「挨拶」にまつわる不満が出るか否かは、案外そんなところに左右されたのではないかと思える。

楽天の監督を退任したあとも監督業への意欲を持っていた監督は、監督の役割は技術指導よりも人間教育、という持論を持ち続けていた。そして、人間教育の一環として、「たかが挨拶、されど挨拶。まずは挨拶のできる人間にならないとダメだ」と語っていた。

マネージャーとして擁護するわけではないが、監督はご自身も言っていたように不器用な方なので、監督としての威厳を示す方法は「鶴岡式」以外に知らなかったのだと思う。それが監督ご自身の教えである「たかが挨拶、されど挨拶」に矛盾することは、私も重々承知している。重々承知していますが、そこは何とか、大目に見ていただけないでしょうか。

監督の深意

監督としての威厳を示す方法は「鶴岡式」

マー君、神の子、不思議な子

導かれるように楽天の監督になり、そこで出会った二人の選手

私は野村克也氏のことを「監督」と呼ぶ。初めて出会ったのが楽天監督時代の2006年だった、ということもあるが、楽天を退任されてからもずっと「監督」と呼ばせていただいていた。

これは私だけではない。マスコミ関係者、撮影のカメラマンや照明さん、広告代理店の関係者、講演の司会者……誰もが野村克也氏を「監督」と呼ぶ。もちろん、監督の教え子の選手だったみなさんもそうだ。

監督自身は、「生涯一捕手」に代表されるように自身を生粋の捕手だと自認し、生まれ変わってもキャッチャーをやると公言していた。しかし、世間一般での監督のイメージはやはり「監督」だったと言えよう。だから監督を退任しても呼称は「監督」なのだ。聞くところによると、アメリカの大統領経験者はたいてい、大統領を退任したあとも「ミスター・プレジデント」と呼ばれるらしいが、監督の場合も共通するところがあるように思う。日本プロ野球界で、監督退任後も亡くなるまで10年以上も「監督」と呼ばれ続けた人は、多くないのではないか。

そんな生粋の監督が最後に監督を務めたのが、楽天だった。

楽天は球団創設初年度の2005年に97敗を喫して最下位に終わっているが、この年のある試合を見ながら監督は沙知代夫人に、「これ、来年はオレに話が来るぞ」と語っていたそうだ。楽天の関係者から連絡が入ったときは、「やっぱり」と思ったとのこと。「オレは貧乏性なのか、チームが弱くなると監督の要請が来る。オレが監督をしたのは弱いチームばっかか」とボヤくときの監督の表情は、いつもどこかうれしそうだった。

私は南海時代、ヤクルト時代、阪神時代の監督に直接お会いしたことはない。つまり、私が知るプロ野球チームの監督としての監督は楽天時代だけだ。それでも、かつての教え子の選手、チーム関係者、マスコミ関係者などの話から、楽天時代の監督はそれまでに比べてだいぶ変わったことを認識していた。

楽天時代は、ここぞというところで選手が本塁打を放つとベンチ前で抱き合うなど、かなり丸くなられたようだ。選手との年齢は一番離れていた時代のはずなのに、選手との距離は一番近かったのかもしれない。

こうして選手との距離が自身のキャリアの中でもっとも縮まった監督にとって、楽天での4年間は、まさに「野村再生工場」や人材育成の集大成だった。

「オレも同じタイプだったから、よくわかる」

再生された選手の代表格は、山﨑武司氏である。

実は私は当時、山﨑氏のマネジメントも担当していて、楽天の初年度に25本塁打を放ち見事な復活を遂げたご本人とも喜びを共有していた。ところが、楽天の田尾安志《たおやすし》監督が電撃解任され、後任が野村監督だと発表されると、山﨑氏は途端に意気消沈してしまった。

「小島さん、オレはもう終わりだよ。野村監督は俺みたいな選手嫌いでしょう？」

この頃はまだ私も監督のマネージャーになる前のことで、落ち込む山﨑氏に対して気の利いた言葉を返すことができなかった。

「前年の主砲なんですから、野村監督も必ず必要とするはずですよ。同じようにがんばってください」、そんなことを言うのが精いっぱいだったのを覚えている。

ところが、監督は山﨑氏の想像の上をいっていた。かなり早い段階で監督は山﨑氏に「おまえは誤解されやすいだろう？」と声をかけ、戸惑っている山﨑氏にこう続けたそうだ。

「オレも同じタイプだったから、よくわかる」

このやりとりで、監督は山﨑氏の心をつかんだ。その後も試合中には相手バッテリーの配球をことごとく見破るなどして、ベンチで監督の近くに座っていた山﨑氏を驚かせ、山﨑氏はだんだんと監督のアドバイスに耳を傾けるようになった。

ツーストライクからは何とか三振しないようにバットに当てるスイングを、という考え方だった山﨑氏に監督は、「おまえが中途半端なスイングをしてもこわくもなんともない。追い込まれたら逆に狙い球を絞ってフルスイングしてこい。根拠があれば見逃し三振でもいい」とアドバイスして、意識改革を促した。
そして、監督が楽天に来て2年目となる2007年には、43本塁打、108打点という、いずれも自己最高の成績で二冠王に輝くのである。

もともと山﨑氏は、中日からオリックスに移籍した2年間にフラストレーションを溜め込み、オリックスから解雇されたときには野球を辞めると言っていた。オリックス時代には監督と激しい口論をしたこともあるという。
私が山﨑氏に出会ったのはそのオリックス時代だった。しかし楽天1年目の監督になる田尾氏の説得もあり、楽天でプレーを続けることを選択した。田尾監督との関係は良好だったようだから、その後釜である野村監督が最初に対応を誤っていたら、山﨑氏のやる気をあそこまで引き出すことは難しかったかもしれない。

山﨑氏は2007年のシーズンですでに38歳の大ベテラン。しかし、この年72歳になる監督から見れば、まだまだ将来ある若者である。素晴らしい才能を持ちながら、いまだそれを発揮し切れていない、何とかしてやりたい、今からでも何とかなる。監督はそんなふうに思いながら、山﨑氏への接し方を考えていたのではないか。

なぜ「神の子」だったのか

他方、監督による人材育成と言えば、田中将大《まさひろ》選手を抜きには語れない。

田中選手は、監督が監督として直接かかわった選手の中で、最も若い年代に当たる。監督はそれまでも、若い選手を何とかしてやりたいという思いが強く、情が入って投手交代が遅れたせいで負けたこともあったそうだが、楽天時代はそうした思いがさらに強かったようだ。

高卒新人の田中選手の育成は、二軍で育てるのが定石だと思いつつ、一軍の投手陣も手薄だし自分の手元で育成できるから、と一軍で育成する方針を固めた。

忘れられつつあるかもしれないが、甲子園のスターで期待のドラフト1位だった田中選手も、プロデビューから3試合連続でノックアウト。しかし打線が奮起し、いずれも田中選手に負けはつかなかった。

この様子を見て監督は、「マー君、神の子、不思議な子」だと思っていたと後年に述懐していた。ただし、実際にこの言葉を発したのは2006年8月3日の試合後のこと。序盤に失点を重ねながら勝利投手となった田中選手を評して、かの名言が飛び出したのである。

後年、監督は田中選手について、入団したのが当時の楽天でよかった、と述懐している。巨人のような人気球団だったら、あんなに早く頭角を現すことはなかっただろう、と。

たしかに、戦力不足の中で田中選手を何とか戦力にしたい、という事情はあっただろうが、KOが続いてもチャンスを与え続けた監督の起用法も、辛抱強いものだった。この才能あふれるルーキーを何とかしてやりたい、早く一人前にしてあげたい、という思いが強かったのだと思う。

さて、「マー君、神の子、不思議な子」という言葉。監督は楽天時代、いつも7回くらいから試合後の談話について考えていたそうで、この言葉のときもそうだったという。語呂がよく耳にスッと入ってくるし、マスコミが一気に飛びついた「名言」である。ただ、私は今でも一点、気になるところがある。

なぜ「神の子」だったのか。

監督はこの言葉について説明するとき、「打たれても負けがつかなかったり、ときには勝利投手になったりして、不思議だと思っていたから」と語っていた。そうすると、「不思議な子」は外せないとしても、「神の子」はやや唐突な気もする。そもそも語呂合わせなら、例えばイーグルスにちなんで「鷲《わし》の子」でもよかったはず。監督の一人称「ワシ」とも掛詞《かけことば》になる。あるいは、負けないということを強調するなら「マー君、負けない、不思議な子」でもよかった。しかし監督が選んだのは「神の子」だった。

監督は「理」でチームを率いる人なので、運や神様といった目に見えないものを信じていないのではないか、と思われがちだ。しかし、遠征先で負けるとホテルから球場に向かう経路を変更したり、勝ち続けているときはパンツを替えなかったり（ただし監督が言うには、帰宅してすぐに洗濯したものを翌日も履いていたとのこと）など、ゲンを担ぐことはかなりやっていたという。

そんな監督が選んだ「神の子」という表現。なぜこの表現を選択したのか、理由をお聞きするチャンスはなかったし、監督も自らそれを語ることはなかった。無意識に選択したのかもしれないし、もしお尋ねしていたとしても「たまたまだよ。語呂もいいし」などと答えていた気もする。

しかし、田中選手はその後、文字通り神がかった大活躍を見せる。2013年、現代野球では不可能と思える24連勝を記録し、無敗。チームを初の日本一に導いた。

監督とて、ありとあらゆることを計算づくで行なっていたわけではないだろう。「神の子」という表現は、おそらく偶然だったのだろう。また田中選手にしても、2013年を含むこれまでの活躍、実績はご本人の努力の賜物だと思う。

しかしである。ルーキーだった田中選手を「神の子」と表現した監督。その6年後のシーズンで「神」がかった活躍を見せた田中選手。そこに何かしらの因縁を感じずにはいられない。

監督の深意

運や神様の存在を信じていた

考える野球（シンキング・ベースボール）

「オレなんかが理論派と呼ばれる」

「プロ野球界はバカばっかり。だからオレなんかが理論派と呼ばれる。ちょっと変わったことを言うと野村は頭脳派だと。今のオレがあるのはまわりのおかげだよ」

熱心な野村克也ファンだったら、監督がこのような趣旨のことを言っているのを聞いたことがあるかもしれない。監督は、失礼を承知で言えば、ときどきこのように口が悪くなることがある。

ただ、ご本人に言わせれば、たしかに監督も最初から頭脳派だったわけではなかったようだ。１９６７年シーズン、ＭＬＢで活躍したドン・ブレイザー氏が南海に加入した。監督はプロ入り14年目で、すでに四番正捕手として揺るぎない地位にあったが、野球への探求心が一層高まっていた時期でもあった。アメリカの進んだ野球を学ぼうと、通訳を伴って毎日のようにブレイザー氏を食事に誘っていたそうだ。

話を聞いてみると、ブレイザー氏の野球観は監督にとっては驚きの連続だった。

「はっきり言うが、日本の野球は10年は遅れている。例えばヒットエンドランのとき、どこを狙って打つか考えているか？」

答えがわからず、「そんなこと考えたこともないなぁ」と戸惑っている監督に対し、ブレイザー氏はこう述べたという。

「日本では一塁にランナーが出たとき、盗塁したらショートとセカンドのどちらが二塁ベースカバー入るか決めていて、一球ごとに変えるということをしない。だから走者が盗塁のモーションを見せて、ショートとセカンドのどちらがベースカバーに入るか見定めたら、あとは簡単だ。ベースカバーに入るほうに転がせば簡単にヒットエンドランが成功する」

今でこそ高校野球でも一球ごとに変える戦術をとるチームがあるが、当時はプロですらそんなことをしていなかったのだという。

また、ランナー一塁で送りバントをする際には一塁側に転がすことがセオリーだとされているが、ブレイザー氏によれば必ずしもそうではなく、サードとファーストの守備力を比べて下手なほうに転がすべきなのだという。送りバントが成功する確率の高いほうにバントすればいいのだと。

これらの話を聞いて日本の野球が相当遅れていると実感した監督は、１９７０年シーズンから兼任監督を引き受ける際に、ブレイザー氏をヘッドコーチに起用することを条件とした。

この頃から「考える野球」、すなわちブレイザー氏流の「シンキング・ベースボール」が南海で発展したようだ。同時期に阪急にはダリル・スペンサー氏が加わったが、監督に言わせれば彼は投手のクセを見抜くのが抜群にうまかったという。阪急の選手たちが打てるようになったのはスペンサーのおかげ、とまで言っていた。

こうして当時のパ・リーグは、相手のクセや配球を見抜いたり、守備の動きを予測したりして戦術を立てるなどの、「考える野球」が発展していった。一部のチームが「考える野球」をはじめれば、今度は相手が対策を立てて「考える野球」を実践しはじめる。こうして、それまでの精神野球から考える野球へと急速に変革していくことを、監督ご自身も実感していたそうだ。

「謙虚」ではなく「球界へのボヤキ」

「考える野球」は、ときにそれまでにはなかった斬新な戦術を生み出した。

阪急の福本豊氏の盗塁を阻止すべく編み出した「小っちゃいモーション」、すなわちクイックモーションや、シンカーを武器とする皆川睦夫《みながわむつお》氏に習得をアドバイスした「小っちゃいスライダー」、すなわちカットファストボールだ。これらはおそらくアメリカのMLBにも先駆けた世界初の試みだった。

また、パ・リーグのプレーオフ時代に王者・阪急を下した第1戦、第3戦、第5戦重視の「弱者の戦術」も、「考える野球」の産物だろう。走者満塁や一・三塁の際、三塁にけん制偽投（現在はルール上不可）をして一塁に投げるというけん制が流行っていたのを逆手に取り、満塁では三塁に偽投して二塁走者をけん制で刺す、という戦術を編み出して、面白いようにアウトを重ねたそうだ。

このように、監督でさえも「考える野球」は最初から身についていたものではなく、いわば輸入されたものだった。そもそも監督はテスト生入団ということもあって劣等感が強く、それゆえか晩年に至っても冒頭のように「オレなんかが」と言うことが多かった。一般的には、監督が「オレなんかが」と言うのは、監督の謙虚さの表れだと言われている。

ただ私自身は、果たして本当にそれだけだろうか、と思っている。もちろん私も、監督はとても謙虚な方だったとは思う。しかし、「オレなんかが」には、謙虚さと同時に、プロ野球界へのボヤキが込められているように思えて仕方ないのだ。

「プロ野球界はバカばっかり」という痛烈な批判と相まって、「オレなんかを理論派、頭脳派と呼ぶなんて、恥ずかしくないのか！　おまえらみんな勉強が足りないぞ！」とカツを入れながら、今もボヤいているような気がしてならない。

その証拠に、80歳をすぎた頃、こんなこともしょっちゅう言っていた。

「最近の野球は根拠がない。わからん。解説する自信がない。球場に行くのが嫌になる。腹が立つことばっかり」

楽天の監督を退任されたあと、監督の本業は解説者であり、スポーツ紙での評論やテレビ・ラジオのゲスト解説を務める機会が多かった。監督の目には、もしかしたらプロ野球が退化して行っているように映っていたのかもしれない。そのことを憂慮するような発言だった。

また、こうも語っていた。

「野球って厄介なのは、簡単にやっても難しくやっても、それなりにやれちゃうじゃない。でもこれだけ『間』のあるスポーツなんだから、その『間』の時間で頭を使え、考えろ、っていうことなんじゃないか。やっぱり野球は頭のスポーツだよ」

「考える野球」は野村野球の大きな特徴の一つだった。その特徴を引き継いだ多くの教え子たちが、監督の晩年のボヤキを解消してくれるのではないか。そんなふうに期待せずにはいられない。

監督の深意

みんな勉強が足りない

今のコーチは教えすぎ

なぜコーチは教えたがるのか？

監督はプロ入り3年目で一軍のレギュラーになっているので、テスト生入団とはいえ二軍暮らしは長くはなかったが、若手時代を振り返ってこんなふうに語っていた。

「我々の頃は一軍でもコーチなんて多くなかった。二軍ではコーチはほとんどいなくて、監督が一人でほとんど全部見ていた。そんな環境だったから、うまくなりたかったらイヤでも自分で考えて練習する。オレにはそれがよかったんだと思う。今は一軍も二軍もコーチがたくさんいて、あれこれ教えすぎる。選手の成長のためにはよくない」

一見、野球のコーチは教えることこそが仕事だと思えるが、教えすぎることの弊害とは何か。監督はこう語っていた。

「野球に限らないと思うけど、技術は自分で創意工夫して得たものこそ長く身につく。人に教わってできるようになってしまった技術は、何かのきっかけで簡単に忘れてしまう。特にオレみたいに不器用な選手は、できるようになるまでたくさんの努力を要するけど、いったん身についたらまず忘れない。器用な選手は、ちょっと教えたらすぐできるけど、忘れるのも早い」

また監督は、コーチたちが教えすぎてしまう原因も看破されていた。

「コーチをたくさん雇うのは、引退後の就職口でしょ。引退後も球団に残して生活を保障してやる。コーチたち自身もそれがわかっているから、職を失わないように自分をアピールしたい。教えないで見守っているだけだと、仕事をしていないように見られると思っているんだろうな。だからあれこれ教えたくなる。でもそれじゃあ、選手のためにはならないんだ」

今、会社などで部下を抱えて指導する立場にある人々の中にも、監督のこのような言葉を聞いて、ハッとされる方もいるのではないだろうか。私自身、監督の言葉を聞いて、かつて代理人事務所で働いていた頃は後輩に対して教えすぎていたな、と反省するようになった。

理想の指導者は「気づかせ屋」

ここまで聞いて、「なるほど、今のコーチ（上司）は教えすぎだ。選手（部下）の成長を促すためには、教えすぎないほうがいいのだな。さすが野村監督の言葉は、野球界だけでなく一般社会にも当てはまる」と思った方も、次のような疑問が浮かぶはずだ。

「そうすると、コーチや上司の仕事は何だろうか。単に選手や部下が創意工夫する様子を見守るだけでいいのだろうか」

そう、ここにこそ監督の深意がある。私がいつも監督のことをすごいなと思うのは、まず現状を分析し、その上でどうしたらよいのか、という解答まで考えているところだ。

本項の「今のコーチは教えすぎ」という言葉も、監督によるプロ野球界の現状分析である。その現状を踏まえた上で、どうしたらよいのか。監督の解答は「指導者は気づかせ屋」という言葉だった。

例えばバッティングコーチであれば、野手それぞれの打撃をつぶさに観察し、長所短所を把握した上で、長所を伸ばす方法、短所を改善する方法を考えておく。これはコーチとしての準備である。それでも選手が自分自身でやり方を考え、結果を出している間は何も言う必要はない。少し壁に当たり成績が下降しはじめると、本人の創意工夫がはじまる。そこで悩みすぎて、いわゆるドツボにはまりそうな状態になったら、一言二言、「気づき」を与えるようなアドバイスを送る。

あるいは、悩みに悩んでコーチに質問してきたらこっちのもの。選手は聞く耳を持っているのだから、一番「気づき」の効果がありそうなアドバイスを送る。アドバイスを送るときに大切なのは、模範解答を一から十まで、すべて与えるようなことをしないことだという。「気づき」のヒントになるようなことを一つ二つ言い与え、選手がそれを元にさらに考えて工夫し、結果が出るようになればベスト。監督はそんなふうに考えていたようだ。

監督の言う「気づかせ屋」とは、選手に気づかせてあげられる存在、気づくためのヒントを与えてあげられる存在、ということだろう。なるほど、こうしたアプローチをしていれば、選手も自分自身の創意工夫で技術を習得できるし、それゆえに簡単には忘れない。監督のもとで野球を学んだ選手たちが長く活躍し、さらに指導者としても結果を出しているのも、こうした育成のプロセスを自分自身が踏んでいるからだろう。

教えないコーチがいいコーチ

コーチによる教えすぎに関して、監督はこんなことも語っていた。

「アメリカには、『教えないコーチがいいコーチ』という言葉があるらしい。あれこれ教えて選手に技術を習得させようとするコーチは二流で、必要最低限のアドバイスだけで選手を伸ばすコーチが一流だと。日本のプロ野球界も、その点は見習ったほうがいい」

一般論として、アメリカのベースボールと日本の野球は異なるスポーツ、とまで言われることがしばしばあるが、日本の緻密な野球を体現しているような存在である監督の考え方が、アメリカのベースボールの考え方と一致しているのは、とても興味深い。

本項の最後に、ある取材のときに監督が語っていた言葉を一つ紹介したい。

「よじ登ることのない者は落ちることもない。常に上を目指している奴は頼もしい。こっちも何とか手を差し伸べて、伸ばしてやろうと思う」

監督は、努力している選手たちを何とか伸ばしてやろう、活躍させてやろう、と常々考えていた。それほどまでに選手に「情」を寄せていたからこそ、選手を伸ばす方法、長く活躍させる方法を考え抜いていたのだろう。その育成理論は、アメリカの野球界にも通じるグローバルなものだった。

監督の深意

何とか伸ばしてやろう、活躍させてやろう、と常に考えていた

1年目に種をまき、2年目に水をやり、3年目に花を咲かせます

「誰にも負けない評論家」を目指していた

これは1989年オフにヤクルトの監督に就任した際、監督が発したあまりに有名な言葉である。実際、野村ヤクルトは3年目に当たる1992年、見事にリーグ優勝を果たし、翌1993年には球団史上2度目となる日本一に輝いた。

監督はヤクルト監督に就任する前の9年間、テレビ解説を主戦場とし、「野村スコープ」なるものを導入して話題になった。ストライクゾーンを9分割したチャートを用い、バッテリーの配球を解説したのである。

今でこそ野球中継では当たり前だが、当時はそんなことができる解説者は誰もおらず画期的だった。監督ご自身も当初、「こういうのが作れたら面白いんだけど、難しいかな？」と半信半疑でテレビ局に相談したところ、スタッフは見事に応えてくれたそうだ。１９８０年代の話である。

「野村スコープ」を用いて、「次にここにスライダーを投げれば内野ゴロに打ち取れる」などと「予言」し、実際に「的中」することが多かったと言われている。それゆえ、監督の就任時の言葉を聞いて「本当にそうなるかも」と感じたファンも少なくなかっただろうし、実際にヤクルトを3年でリーグ優勝させたときは、誰もが「予言的中」「有言実行」などと監督のことを称えていた。

プロ野球の監督には大学出のＯＢが多かったため、この頃の監督は自分にまた監督の声がかかることをあまり期待していなかったのだという。そのため、「誰にも負けない評論家」を目指していた。それが逆に功を奏した。監督の述懐によると、解説者時代の野球理論に感銘を受けた球団社長の相馬《そうま》和夫《かずお》氏が、「野村さんの野球理論こそが本物。ぜひウチの選手たちを教育してほしい」と監督をスカウトした。

しかし、1年目はリーグ5位に終わり、前年の4位と同じくBクラスだったため、「変わらんやないか」と周囲から相馬氏がだいぶ責められたらしい。そうした経緯もあったため、本当に3年目にリーグ優勝を果たしたときは、「相馬さんが『本当にありがとう！』と言って、握手したオレの手を離さないんだよ」という喜びようだったそうだ（これらのエピソードは相馬氏ではなく、ヤクルト本社社長の桑原《くわはら》潤《じゅん》氏という説もある）。

監督は、弱いチームを優勝争いさせるには3年程度が目安だと思っていたようだ。ただ、その前提条件として「球団がドラフトなどで監督の要望を受け入れてくれること」を挙げていた。

「ヤクルトではオレの希望通りにドラフトで好投手を獲得してくれたから、3年で強くなった。阪神ではまったく要望を聞き入れてもらえず3年では何もできなかった。楽天はヤクルト以上に弱かったので、4年かかった（4年目に2位になりCSのファイナルステージに進出）が、あの手この手でごまかして何とかした、という感じ」と語っていた。

「世間のウケ」を狙った監督の意図

さて、監督が「予言」通りに3年でヤクルトを優勝させたという事実。世間のほとんどの野球ファンはそこにばかり注目していたと思うが、監督の真の意図は「3年で優勝」という部分だけにあったのだろうか。もしそうだとしたら、「3年で優勝を目指します」とか「3年目に優勝争いできるチームにします」などと言えばいいだけで、「1年目に種をまき、2年目に水をやり」の部分はいらないはずだ。

では、世間ウケすることを考えたのか。たしかにその側面は否めないと思う。監督は試合中でも「7回くらいから試合後にどんなことを言うか考えている」と言っていたし、600号本塁打を打ったときの「長嶋、王がひまわりなら、オレは月見草」という発言は、何日も前から考えていたそうだ。そんな監督のことだから、ヤクルト監督就任という話題性抜群のタイミングで、世間ウケを狙ったのはあり得る。

しかし、世間ウケだけで1年目、2年目の話をしたとも、どうも思えない。「1年目に種をまく」や「2年目に水をやる」は、やはりそれぞれに監督の意図があったのだと思う。監督いわく、それまで試合の解説を通じて、ヤクルトの選手たちが「考える野球」をしていないこと、データの活用をしていないことはよくわかっていたそうだ。そうした、いわば何もない土壌に、1年目には「考える野球」や「データ活用」の種を植え、2年目にはそれを徹底し、応用できるまでに水をやりながら根づかせる。そうした段階を経て迎えた3年目にこそ、優勝争いできるようになる、そんな意図があったように思うのだ。

さらに言えば、そのようなプロセスで強化されたチームだからこそ、4年目以降も常勝チームとして2度の日本一になれたのだろうし、それも監督の意図した通りだったのではないか。V9の川上巨人を理想のチームに掲げていた監督にとって、ヤクルトを優勝させるだけではなく、常勝チームにすることこそが最終的な目標だったはずだ。

これが例えば、外国人やFAでの補強に頼るようなチーム強化であれば、常勝チームにすることは難しい。監督の想定する1年目の種まきや2年目の水やりがあったからこそ、選手が多少入れ替わっても、高いレベルでチーム力を維持することができたのだろう。そのような長期的な視点に立った上での、1年目、2年目、3年目、という発言だったのだと私は思う。

監督の深意

勝てるチームを作るために プロセスを重視した

監督は楽天時代、4年目にチームを2位に押し上げた2009年限りで退任した。チームが契約満了だと言い、監督には続投の選択肢は与えられなかったのだという。退任を突きつけられた監督は球団幹部にこう言ったそうだ。

「このチームはまだ本当の力がついたわけではない。来年は最下位になりますよ」

実際、翌年の楽天は最下位で、監督の「予言」はまたしても「的中」した。振り返ってみれば野村監督にとって、監督を務める最後の球団となった楽天。ヤクルト時代のように長く監督を務めていたら、どんなチームになっていただろうか。

念ずれば花開く

人生そのものがまさに「念ずれば花開く」

私の知人は子どもの頃に「念ずれば花開く」という監督の言葉を聞いて、「そうなりたいと思っているだけで夢がかなうのか。楽だなぁ」と思っていたそうだ。当然ながらこの言葉の意味はそうではなく、「こうなりたい、という目標を真摯《しんし》に掲げていれば、それを達成するために真摯に努力するようになる。そうした真摯な努力の積み重ねにより、目標を達成できる」といった意味になる。

監督は私がマネージャーをしていた70代以降は、少なくとも私の目の前では、この言葉を色紙に書くことはなかった。ただ、もっと若い頃は色紙に書くこともあったようで、私の知人はそれを見たのだという。

この言葉は監督のオリジナルではなく、元々は坂村眞民《さかむらしんみん》さんという熊本県出身の詩人の詩の一節なのだそうだ。インターネットで検索してみると、監督ではなく坂村さんのお名前がたくさん出てきて、さまざまな方がこの言葉を引用している。監督もそうした人々の一人だったということだ。

そもそも監督は3歳の頃に父を亡くし、母もガンを2度も患うなどしていたためあまり働くことができず、大変貧しい家庭で育った。「今じゃ考えられないくらいの貧乏だよ」と語っていたのは先述した通りだ。

「大人になったらお金持ちになりたい」と子どもの頃から念じ続け、野球に活路を見出してからはそのときそのときで真摯に努力し、テスト生から三冠王、そして兼任監督から名将の地位へと上り詰めた。監督の人生そのものがまさに「念ずれば花開く」だったのだ。

ところが監督が晩年、「念ずれば花開く」に代わって色紙に書くようになった言葉がある。

「心が変われば行動が変わる。行動が変われば習慣が変わる。習慣が変われば人格が変わる。人格が変われば運命が変わる」

少々長いのでいつも色紙に書いていたわけではないが、それでもかなりの頻度でマネージャーの私は目にした。はっきり言って、これを色紙に筆ペンで書くのは結構な労力を要する。それでも監督が頼まれもしないのにこの言葉をかなりの頻度で色紙にしたためていたということは、この言葉を相当、気に入っていたのだと思う。

色紙に書く言葉が変わった理由

いったいなぜ、監督は「心が変われば――」を色紙に書くようになったのだろうか。前者が他人の言葉の引用だからか、と言うとそうでもないようで、「心が変われば――」も監督によればインドの哲学者の言葉を参考にしたものだという。オリジナルはもっと長い言葉で、自分なりに要約したのだと監督自身が語っていた。

おそらくその理由は、第一に、後者が前者の内容を丁寧に説明しているから、そして第二に、監督は晩年にいっそう優しくなったから、ではないだろうか。

「念ずれば花開く」はとてもシンプルで、真の意味を知るためにはその中身を自力で考えざるを得ない言葉である。あり得ない話だが、仮にもし若手選手がこの言葉を聞いて監督に「どういう意味ですか?」などと尋ねれば、「自分で考えてみぃ」と監督は答えるだろう。ある意味、監督が提唱する「教えすぎない指導」と共通する。かつての監督はこの言葉を投げかけることで、選手が自ら考えることを促そうとしていたのではないか。

ただ前述したように、楽天の監督を務めて以降の監督は、選手や、もっと言えば世間の若い人々に対して明らかに優しくなった。監督ご自身の振り返りや当時の選手の話を聞いていると、ヤクルト時代は選手に厳しい言葉を投げかけ、そこから這《は》い上がってくることを促すことが多かったように見受けられる。

しかし、楽天時代やその後の晩年の評論家時代になると、監督は、「若い人を何とかしてやろう」「何か手を差し伸べてあげられないか」という姿勢にあふれていた。もちろん、50代の頃の監督もそのような気持ちを十分に持っていたと思うのだが、70~80代の監督は、いい意味で「ギラギラした感じ」がなくなり、自身より若い人たちへの愛情をいっそう素直に表現できるようになったのだと思う。

「心が変われば――」を色紙に書くと、まわりの人たちはこの言葉に興味を抱き、「初めて見ました」とか「監督のオリジナルですか?」などと話しかける。そんなとき、この言葉について監督自身はこんな感じで解説していた。

「心が変われば、とはつまり何かを感じて心を動かされるということ。何かを感じれば行動が、習慣が、人格が変わり、最終的には運命が変わる。つまり、何かを感じることがすべての出発点。こうなりたい、という目標を持って一生懸命がんばっているヤツはアンテナを張り巡らせているから、何かを感じることができる。『人間の最大の悪は何か。それは鈍感である』って言うじゃない。目標をしっかり持って、小さなことでも『感じる』こと。そしてその積み重ねが、人間の成長にはとても大事なんじゃないか」

監督の深意

「何かを感じる」ことがすべての出発点となる

第3章 評価・評論

——独特の戦術眼の秘密

ストライク、ボールのカウントは12通りある

投手有利、打者有利、五分五分

プロ野球界随一の理論家と言われた野村監督だが、単に野球の戦術や戦略に関する理論が優れていただけではなかった。「野球に関する事象を言語化し、最適な表現をする」ということにおいても、プロ野球界で随一だったと言えるのではないか。監督のわかりやすい表現を端緒に、選手たちは野球に関する戦術・戦略を深く理解していった。

その最たる例の一つが、「ストライク、ボールのカウントは12通りある」という言葉だろう。数えてみれば誰でもわかることだし、監督よりも前にそのことに気がついていた人は無数にいただろう。その中には、当たり前だと思って特に人に言わなかっ

た人も多かったかもしれない。しかし監督は、自身が率いたチームのミーティングでこれを言い、全選手に意識させた。

監督によると、ヤクルトの監督に就任した直後は選手に質問しても答えが出なかったそうだ。ミーティングでいきなり前列のほうにいる若手に、「おい、ストライク、ボールのカウントは何通りあるんだ？」と質問を投げかけるのだという。他の選手もすぐに思いつかず、ドキッとした人が多かったかもしれない。答えられない選手たちの様子を確認した上で答えは12通りだと明かし、なぜこのことを知っておかなければならないのか、解説していたのだそうだ。

その解説の中身は、12通りあるカウントの3つの分類である。「投手有利」「打者有利」「五分五分」の3つだ。

原則としては、0ボール2ストライクや1－2などは投手有利、3－0、3－1、2－0、2－1などは打者有利、初球や1－1、3－2などは五分五分、といったところか。一般的にも、例えば2－1は「バッティングカウント」と呼ばれ、打者はストライクを取りにきた球を狙える、あるいはヒットエンドランなどの攻撃のサインが成功しやすい、などというセオリーがあるが、12通りあるすべてのカウント別のセオリーは、一般には浸透していなかったと言えよう。

監督はカウントは12通りという全体像を把握した上で、一つひとつのカウントにおける原則を明確にする、ということを選手に意識させた。

すべては独学、現場で学んだ理論だから説得力がある

そして興味深いのは、こうした原則はありながらも、その他の要因が関係すると有利不利の関係が逆転することもある、という点だ。監督はもちろんそこまで踏み込んで分析し、選手に解説していたようだ。

ここで言うその他の要因とは、前の打席までの対戦内容、そのカウントになるまでの配球、点差、走者、アウト数などである。もちろん、その打者の性格、力量や調子、さらには次打者の性格、力量、調子も関係してくるだろう。

監督はこうした事情も踏まえて、「配球は常に応用問題。正解はない」と話していた。

昔の話ではあるが、ある日本人メジャーリーガーがこんなことを教えてくれた。M

LBの特に中南米系の選手は、少々のボールでも振りまわしてくる選手が少なくない。こうした選手はいつでも打ち気にはやっている。

そこでまず、あまりいいボールを見せることなく、投げ損ないのような球で2ボール0ストライクのカウントを作る。あえて打者有利のカウントにすると、この手の打者は甘い球を痛打してやろうと考え、強振するようになる。そこにスピンの効いた伸びのある真っすぐを、真ん中高めのボールゾーンぎりぎりに投げる。すると面白いようにポップフライを打ちあげてくれるのだそうだ。

日本プロ野球において別な選手が語っていた話としては、こんなものがあった。

かつてのある強打者は3－0からは絶対に振ってこないというデータがあった。そこで1ストライクを簡単に稼ぐことができて3－1から勝負したほうが、正面から勝負にいくより効果的だったのだそうだ。

さらに別な選手の話では、ある強打者は2－1から真っすぐは絶対に振らないというデータがあるので、簡単にカウントを稼げたらしい。

こういう話を聞いていると、打者有利や投手有利という原則はどんどん崩れていくが、これらが応用問題ということなのだろう。

他ならぬ監督からは、王貞治氏を打ち取ったときの話を聞いたことがある。

南海時代のオープン戦、投手は皆川睦夫氏。右のアンダースローで、勝負を避けるように外に2球外して2ボール0ストライクとし、インコースに小さいスライダー、今で言うカットファストボールを要求すると、結果はどん詰まりのセカンドフライ。皆川氏は前年までこの球種を投げていなかったそうで、それも功を奏したようだ。

ただし、監督自身もプロ入りの最初からカウントが12通りあることに気がついていたわけではない。「恥ずかしい話だけど、若いときはオレも知らなかったんだよ」とあっさり認めていたのが監督らしい。

きっかけは、現役時代にあるきっかけで自身への配球データを調べたときのこと。自身の打席において2ボール0ストライクからインコースの球がきたことは一度もない、という事実に気がつき、「面白いなあ」と思ったのだそうだ。そこから配球の研究がはじまり、12通りのカウントのそれぞれの性質を意識するようになったという。

さらにこんなことも語っていた。

「12通りあるカウントの中で一番難しいのは初球、つまり0-0のカウント。理由は、打者が何を考えているのかわからないから。逆に言えば、一球でも投げればそれに対する反応を見て、打者の考えを読むことができる」

パ・リーグの多くの強打者たちが、捕手・野村克也に頭の中を見透かされながら打ち取られていったことだろう。

監督は、ストライク、ボールのカウントは12通りということを知らなかった状態から、これを知るようになり、さらには有利、不利、五分五分の分類をして、あるいはそれを逆手にとって、1試合1試合、一球一球を戦ってきた。

誰から教わるでもなく、これらのすべてが独学である百戦錬磨の監督だからこそ、具体例は無数にあり、監督自身の体験談がまさに生きた教材となったことだろう。それまで弱小と言われていた球団を次々と強くしたのも頷ける。

監督の深意

打者の考えを読むために初球を大切にする

スピードガンはただの目安

スピードがあっても、スピード感がない球は打たれる

監督の選手としての出場試合数はNPB歴代2位の3017。1位は谷繁元信《たにしげもとのぶ》氏の3021試合で、谷繁氏も捕手であるがわずか4試合差である。監督は捕手として、誰よりも多くの投手のボールを受けてきたと言っていいだろう。

そんな監督が下す投手についての判断や評価は、誰よりも信用できると言えるのではないか。監督は、現役引退後の評論家時代も専任監督時代も、「現役の頃のクセは抜けないもの。オレはどうしても捕手目線で野球を見てしまう」のだそうで、「投手

を見るときはキャッチャーの視点で見る」と言っていた。ということは、現役出場した3017試合分よりもはるかに多くの投手を捕手目線で見てきたことになる。

では、監督の投手についての判断基準は何か。そう問われた際に飛び出したのが冒頭の言葉である。

一般的にも、「スピードガンの数値だけでは本当の速さはわからない」などと言われることがあるが、特に野球をやったことがない人にとってはよくわからない話だ。機器で計測した値が速いのに打たれる投手がいる一方、計測値が遅いのに打たれない投手もいる。変化球とのコンビネーション効果だけでもないらしい。他方では、「160キロ右腕！」などとメディアが計測値ばかり注目して取り上げることも多い。いったい、どういうことなのか。

監督の解説はこんな感じだった。

「投手は球速よりも球質、スピードよりもキレ。打ち取った結果だけ見て、球速が何キロだったかだけに注目すると評価を間違える」

そしてこうつけ加えた。

「スピードがあってもスピード感がない球は打たれる」

最後の一言はいかにも監督らしい表現だ。スピードガンで計測される数値についてはいろいろな人がいろいろな表現をしているが、監督の表現は短く簡潔で、かつ的確だと思う。

近年でこそ新しい機器により回転数なども測定されていて、いわゆる「キレ」は回転数に関係があると言われているが、監督は投手が投げるボールを見れば肌感覚で球質を見極めることができたのだろう。まさに匠の技、監督ならではの眼力だと感服する。

さらに監督は、こんなことも語っていた。

「技巧派も本格派も、基本はストレート。ストレートで空振りが取れるなら評価する。変化球ではダメ」

これもなかなか興味深い。普通、技巧派と言えば変化球で打ち取れる投手を意味するように思えるが、技巧派でもストレートが重要なのだという。監督は「技巧派とは、バッターを抑えるコツを知っている投手のこと」だと言い、必ずしも「技巧派＝変化球投手」とは考えていなかったようだ。

投手の仕事は精神力がいる

監督の投手論は当然、メンタル面にも及ぶ。

「ピッチャーの条件の一つは性格の強さ。キャッチャーがマイナス思考だから、マイナス思考のピッチャーとはバッテリーにならない」

とし、

「フォアボールも、攻めての結果ならしょうがない。逃げてのフォアボールはダメ。どちらのフォアボールかは見ていればわかる。ピッチャーがこわがるとチームのみんなに影響を与える」

こう言った上で、「投手の仕事は精神力がいる」とのことだった。

では、気の弱い投手はどうしようもないのかというと、そうでもないらしい。

「気が弱い投手は、試合状況や相手打者のことを頭から外させて、ミットだけをめがけて投げさせた。ダーツや的当ての要領だ。阪神時代の井川慶《いがわけい》氏はコントロールが悪いのにダーツが得意だと聞いたから、ダーツの要領でミットだけを見てバッターを見るな、ミットをダーツの的だと思え、と言ったらうまくいった」

この井川氏のエピソードは阪神ファンにはお馴染みだろう。

その一方で、投手は気が強ければいいというわけでもないという。

「気が強すぎるピッチャーはピンチになるほど燃えてしまう。カッカしすぎるとコントロールも乱れる。そこで『ネット裏の女の子を見てみい、パンツ見えそうやぞ』などと言ってリラックスさせることもあった」とのことだ。

監督のこれらの話を聞いていると、それぞれの投手の力量はもちろんのこと、性格まで見極めた上で、一人ひとりに合ったリードをし、言葉をかけていたことがよくわかる。それぞれの投手の能力をできるだけ引き出そうと、捕手時代も監督時代も心を砕いていたのだろう。

監督は、「キャッチャーはやめられない、楽しい。生まれ変わってもキャッチャーをやる」と常々語っていたわけだが、それはすなわち、「投手の能力を最大限に引き出すことが楽しかった」ということなのかもしれない。

現役時代は、「南海の投手はマイナス5勝で考えないといかん」と広島の古葉監督に言わしめ、監督としては「野村再生工場」で多くの投手を再生した。監督によって人生が変わった投手は無数にいる。

監督の深意

投手の能力を最大限に引き出すことが楽しかった

リードは三拍子になりがち

同じ球種を三球続けると、打者は次の球を読むのが難しくなる

私事で大変恐縮だが、小学生の頃、家でプロ野球の中継をテレビで見ているときに、私の父がこんなことを言った。

「内角、内角、外角、とか、逆に外、外、内、とか、投手が打者を攻めるときはそういうリズムがある」

ちなみに、父はごく普通のサラリーマンで、プロはもちろん高校野球すらやっていない、いわば普通の野球ファンである。そんな人でも１９８０年頃に「内、内、外」のような三拍子の配球を知っていたのだから、「三拍子」は当時の野球人にとって当

たり前とも言える配球の「リズム」だったのではないか。

その後、私は中学、高校でも野球を続けたが、この「三拍子」はあまり意識したことがなかった。高校時代は投手だったが、球が遅く、まわりの野手に助けてもらっているという気持ちが強く、捕手のリードにも一切首を振らなかったので、「三拍子」はまったく意識していない。父の言葉などほとんど忘れかけていた30代半ば、私は久しぶりにこの「三拍子」について監督から聞かされたのである。

「キャッチャーのリードはどうしても三拍子になりがちになる。真っすぐを二球続けると、打者の目が慣れるんじゃないかと思って変化球を要求したくなる。逆もまた然り。コースについても、例えば内角の真っすぐで勝負しよう、というときに、まず外角の球を見せる。一球じゃ心許ないから二球、外の球を見せておいて、さあ内角勝負、という感じになる」

もちろん、ボール球は3つまでしか投げられないというルール上の要因も関係しているのだという。

そして、どうやらここにバッテリーvs打者の駆け引きが成り立つようだ。

「こういうことはバッターもわかっていて、変化球が二つ続いたら『そろそろ真っすぐかな』と思うし、内、内と厳しいところを突かれたら『そろそろ外かな』と思う。バッターのほうも何となくリズムが出てしまう。だからこそ、同じ球種を三球続けると、打者は次の球を読むのが難しくなる」

取材などでこういった捕手のリードや駆け引きの話になると、「では、現役選手でリードがうまいのは誰ですか？」という質問が必ずと言っていいほど飛んだ。監督が毎回のように挙げていた捕手は、西武などで活躍した細川亨《とおる》氏である。

「考えてるな、と思うのは細川。一球一球に根拠を感じる。オレから見ても、そうだよな、そういう球を要求するよな、と納得することばかり」

このように、リードに関してはベタぼめだった。

「でも、あれだけリードがうまいのにバッティングはさっぱり、というのはよくわからない。打席でもキャッチャーをやればもっと打てるんじゃないか。オレはリードの経験を打撃に活かしたんだけど」、こうした注文も忘れなかったのは監督らしかった。

続きの谷繁

一方、前述したような「三球続ける」リードをうまく駆使していた選手として監督が挙げていたのは、谷繁元信氏である。「オレは『続きの谷繁』と呼んでいる」と言いながらニヤリとした表情は忘れられない。監督が選手にあだ名や異名をつけたりすることは珍しい。他に思いつくのは「南海の三悪人」くらいしかない。なぜ監督は、谷繁氏だけにはこのような異名をつけていたのだろうか。

もちろん、「三球続ける」は谷繁氏のリードのクセのようなものともいえ、「オレにはお見通しだよ」という意味合いもあったかもしれない。しかしその一方で、現代野球では困難と言われた兼任監督を務めて監督や古田《ふるた》敦也《あつや》氏に続き、出場試合数でも監督を上まわった谷繁氏のことを、監督ご自身もかなり認めていたのではないか、と思わずにはいられない。

私がそう思うようになった理由の一つは、谷繁氏と同時代に中日の投手として活躍したある選手からこんな話を聞いたことがあったからである。

「谷繁氏のリードは他の捕手とかなり異なる。一言で言えば、谷繁氏は配球の組み立てがとてもシンプル。打者を打ち取るのに多くの球数を要しないから、先発投手も長いイニングを投げられる。他の捕手だと球数が多くかかってしまう」

監督は、「年を取るにつれて野球を見る目が肥えちゃっているから、今の選手の評価はどうしても厳しくなる」と言い、晩年の解説者時代に選手をほめることはあまりなかった。さらには、「野球を見るときはどうしても捕手目線になる」とのことで、とりわけ捕手に対しては評価が厳しくなっていたようだ。実際に、自チームの直属の教え子ともいうべき、古田氏、矢野燿大《あきひろ》氏、嶋基宏《しまもとひろ》氏らについてほめているシーンがほとんどなかったことは、他ならぬ野球ファンのみなさんがよくご存じだと思う。

そんな中で監督は谷繁氏に「続きの谷繁」という異名までつけた。この上ない監督らしい賛辞だと受け止めている。

監督の深意

あだ名で呼ぶことは「最大級の賛辞」

人は育ちが8割

信用していた「血液型の性格診断」

監督は、ご自身は謙遜したり否定したりすることが多かったが、プロ野球界随一の理論派だったと言えると思う。そんな監督にも意外な一面があった。「血液型による性格診断」を、かなり信用していたのである。

きっかけは、名球会の名簿を見たときのことだったようだ。

「血液型を見たら、ほとんどがB型とO型。オレもそうだけど、B型はマイペースで緊張しない人が多い。O型はおおざっぱであまり細かいことを考えないのが、好成績につながるんじゃないか。少ないながらA型もいるけど、コツコツまじめにがんばってきたというタイプがほとんど」

なお、監督がこの話をするとき、なぜかＡＢ型には言及しないのが常だった。

一応、私自身で検証した結果は以下の通りだ。

	名前	A	B	O	AB	不明
投手	岩瀬仁紀				●	
	江夏豊	●				
	北別府学	●				
	工藤公康			●		
	黒田博樹		●			
	小山正明	●				
	佐々木主浩			●		
	鈴木啓示			●		
	高津臣吾	●				
	野茂英雄		●			
	東尾修			●		
	平松政次			●		
	村田兆治				●	
	山田久志			●		
	山本昌広				●	
	米田哲也				●	
野手	青木宣親	●				
	秋山幸二			●		
	阿部慎之助	●				
	新井貴浩		●			
	新井宏昌	●				
	荒木雅博	●				
	有藤通世	●				
	井口資仁			●		
	石井琢朗		●			
	稲葉篤紀			●		
	内川聖一		●			
	王貞治			●		
	小笠原道大	●				
	加藤秀司	●				
	門田博光		●			
	金本知憲			●		
	清原和博		●			
	栗山巧			●		
	小久保裕紀				●	
	駒田徳広			●		
	坂本勇人				●	
	柴田勲	●				
	鈴木一朗（イチロー）		●			
	立浪和義	●				
	田中幸雄			●		
	谷繁元信	●				

	名前	A	B	O	AB	不明
野手	土井正博			●		
	鳥谷敬		●			
	長嶋茂雄		●			
	中村紀洋			●		
	野村謙二郎		●			
	張本勲			●		
	広瀬叔功	●				
	福浦和也		●			
	福留孝介		●			
	福本豊		●			
	藤田平		●			
	古田敦也		●			
	前田智徳				●	
	松井稼頭央			●		
	松井秀喜			●		
	松原誠			●		
	宮本慎也			●		
	山崎裕之		●			
	山本浩二		●			
	A・ラミレス	●				
	若松勉		●			
	和田一浩			●		
名誉会員	稲尾和久		●			
	江藤慎一	●				
	大島康徳			●		
	大杉勝男			●		
	梶本隆夫		●			
	衣笠祥雄			●		
	高木守道			●		
	野村克也		●			
	皆川睦雄				●	
	村山実	●				
	山内一弘	●				
退会者	榎本喜八			●		
	金田正一		●			
	堀内恒夫			●		
	谷沢健一		●			
有資格者	落合博満			●		
	A・ソリアーノ					●
	計	19	24	29	8	1
	%	23.5%	29.6%	35.8%	9.9%	1.2%
	日本人統計（2013年）	38.2%	30.5%	21.9%	9.4%	

※敬称略 五十音順。2022年12月現在

血液型による性格診断は、一般的に強い否定論もある。迷信だと言われることもあるし、すべての人をたった4通りに分類できるものか、という疑問もあるのだろう。

他方で、これを支持する声も根強い。実は私自身もB型で、「家族全員B型です」などと他人に言うと、「うわぁ……」と絶句されたり、「大変ですね……」などと言われたりすることもある。

ちなみに、監督とともに沙知代夫人もB型だったが、監督は「お互い好きなことやって干渉しないから、うまくいくんだ」と言っていた。ただし、「オレはA寄りのBだから、好きなことには細かい。字も小さくて繊細。奥さんは逆で、混じりっ気のないB。字も大きくて豪快」とつけ加えて笑いを誘っていた。

監督が講演などで披露していた有名な血液型のエピソードとして、江夏豊氏とのものがある。南海時代、阪神から移籍してきた江夏氏をB型だろうと決めつけていたら、実はA型だった、というものだ。監督があまりに疑うので、江夏氏は医師による証明書を持ってきたらしい。ただ、そのあとA型という前提で接してみると、やはり繊細なところがあると認識をあらためたとも言っていた。

実は監督は、私のこともA型だと思っていたそうで、「B型です」と答えると驚いていた。さすがに証明書までは持って行かなかったが、マネージャーの仕事は細かいところの確認作業が多いので、繊細な性格に見えていたようだ。口に出して言われたことはないが、その後の私を見て「やはりB型だな」と再認識されたのかもしれない。

「ここぞ」というところで本性が出る

血液型の性格診断は肯定と否定、どちらの立場が正しいのかはわからないが、監督は少なくとも肯定していた。ただし、盲目的に信頼していたわけではなかったようだ。

「そうは言っても、やっぱり人は育ちが8割。普段から血液型通りの性格が全面に出ている人は少ない。ただ、やっぱりここっていうときに残りの2割、地の性格が出るんだよ。ピンチだったりチャンスだったり、ここぞというところで本性が出る」

このあたりの分析は、長年キャッチャーをやって投手をリードし続けていた監督らしいものと言えるだろう。


南海時代のエピソードだが、ある選手は監督が敵味方にかかわらず、多くの選手の血液型はもちろん、性格や育った環境なども熟知していて、驚いたのだという。また別の人によれば、南海時代の監督はこれらの各選手の情報を記載したノートを持っていて、チラッと見えたページにはそれぞれの選手についての詳細な情報が書き込まれていたのだそうだ。

こうした情報が常日頃から効力を発揮したわけではないのかもしれないが、監督自身が述べているように、「ここっていうとき」のピンチやチャンスでは、参考になることもあったのだろう。誰よりも入念な準備するためには野球以外の情報も知っておこうという、監督の貪欲な姿勢がうかがわれる。

監督はなぜ、血液型による性格診断を肯定したのか。つまるところ、選手の性格を把握する材料の一つだったのだと思う。理論派でありながらも、ややもすれば迷信とも言われる材料まで取り入れて、しかし冷静にそれを活用して、勝利を目指していた。監督の視野の広さ、そして用意周到に準備する貪欲な姿勢には感心させられっぱなしである。

監督の深意

勝利のために、まずは何でも取り入れてみる

打者は4つのタイプに分類する

当てずっぽうのヤマ張りではなく、配球を研究した上での立派な読み

「解説者になっても監督になっても、野球を見るときはどうしても捕手目線」という生粋の捕手だった監督の現役時代は、「いかに打者を打ち取るか」という点が最大のテーマだった。

その観点から生み出された戦術の一つが「ささやき戦術」だった。そのインパクトの強さから「捕手・野村克也と言えばささやき戦術」といったイメージもあるが、実はささやきはあくまで非常手段、いわば奇策という位置づけだったようだ。

それ以前の、そもそもの正攻法として監督は、打者を4通りに分類し、それぞれへの基本対策を講じた上で、個別の打者の攻略法を日々練っていたのだという。

4通りの分類とは以下の通りである。

A型：直球を待ちながら変化球にも対応するタイプ。天才型
B型：内角か外角か、打つコースを決めるタイプ
C型：レフト方向かライト方向か、打つ方向を決めるタイプ
D型：球種にヤマを張るタイプ。不器用型

監督が若い頃、D型はバカにされていたという。「ああ、あいつはヤマ張りだよ」と言うと、ヤマを張らなければ打てない二流の打者、という意味だったそうだ。相手打者に決勝打を打たれてヒーローインタビューを聞いていると、「いやぁ、体がうまく変化球に反応してくれました」などと言っているが、監督から見れば「ウソつけ、ヤマを張っていたんだろう」と言いたくなることも少なくなかったそうだ。それくらい当時のプロの打者たちは、ヤマ張りで打ったという事実を隠そうとしていたということだ。

そこで、若き日の監督もまずはA型で対応しようとするが、直球を待っていてカーブを打つということがどうしてもできない。紆余曲折を経て、相手の配球を読んで球種を絞るというD型に落ち着いたのは、「結果を出せば文句を言われないのがこの世界だ」という割り切りと、「オレのは当てずっぽうのヤマ張りではなく、配球を研究した上での立派な読みだ」という自負心からだった。

前の打席でホームランを打っていると、その球はこない

さて、「カウントは12通り」は数えれば誰でもわかることだったが、「打者は4つのタイプに分類」については、誰でも気がつくことではない。

監督は、まず打者としてカーブなどの変化球への対応に悩み、そこから他の打者が変化球にどのように対応しているのか、興味を持ち観察したのだという。そして、その観察は捕手として打者と対戦する際に、むしろ大いに活用された。

「バッティングで重要なのはタイミング。打者の最大のテーマは、変化球にどう対応するか」だと考え、この4つの分類にたどり着いたのだ。野球というスポーツがまだ

まだ急速な発展途上にあった時代に、捕手として誰よりも多くの打者と対戦した監督だからこそ可能だった分類・分析だったと言えよう。


ところで、この4つのタイプだが、打者はどれか一つの型に分類されたらそのまま変わらない、というわけではないのだという。追い込まれるまではA型だが、追い込まれるとD型になるという打者もいるし、B型とC型の併用という打者もいるそうだ。

「バッターが狙い球を変えるときは、追い込まれたときや、変化球にとんでもない空振りをしたとき」

「前の打席でホームランを打っていると、その球はこないと打者は思っている。そこが狙い目」

当然だが、プロレベルの実戦ともなると、基本対策だけでは対処し切れず、応用が必要になってくる。

楽天の監督としては、西武の各打者の対応力に手を焼いていたそうだ。

「やっぱり森（祇晶氏）の黄金時代の遺産が生きてるんだろうな。強打者でも、ここはインコースはないな、と思うと簡単に反対方向にヒットを打ってくる。配球を読む力がある」とのことだった。

「ストライクとボールのカウントは12通りある」の項でも触れた初球の難しさについては、こんなことも語っていた。

「初球はバッターが何を考えているかわからないから難しい。様子を見るのにはスライダーが便利。振ってきても見逃しても、そのタイミングで何を狙っているか判断できる。ただし、初球からスライダーを狙われると弱い。つまり、便利は弱いんだよ」

このあたりの監督の洞察は鋭く、それでいて素人にもわかりやすいし、野球以外にも通じるところがあると感じる。

今では監督による打者の4分類が広く浸透し、高校野球などでも配球を考える上で活用されているようだ。あらためて、監督の影響力の大きさを思い知らされる。

監督の深意

打者の最大のテーマは変化球にどう対応するか

「本物の天才」とは

実践してきたのは頭を使った「考える野球」

監督は少なくとも自分自身では、自身のことを努力家だと評価していた。不器用な打者ゆえ、直球を待ちながらカーブに対応するという打撃ができなかった。

しかし、あらかじめカーブがくるとわかっていれば打てる。そこでいろいろなことにヒントを得ながら、配球を読んだりクセを見抜いたりするなどの研究をし、勘に頼ったヤマ張りではなく、根拠のある読みを武器に、歴代2位となる657本の本塁打を打ったのである。それは文字通り、頭を使った「考える野球」だった。

監督がイメージする「天才」とは、そのような読みなどなくても安打や本塁打を打つことができる打者のことを言う。直球を打つタイミングで待っていても、変化球に対して自然に体が反応し、バットの芯でとらえることができる。

そして監督は、「本物の天才」という表現をすることがあった。監督の言う「本物の天才」とは、稀有な才能を有する「天才」でありながら、たゆまぬ努力を積み重ねることができる選手のこと。

有名なところで言えば、長嶋茂雄氏、王貞治氏、イチロー氏らである。「本当に才能ある者が誰よりも努力してしまうと、手がつけられなくなる」と言っていたが、長嶋氏は人々の記憶の面で、王氏とイチロー氏は記録の面で、手がつけられないほどの存在になった。

「安物の天才」と「考える野球」の違い

王氏は歴代本塁打数第1位で、監督が2位。今でこそ当たり前になった序列だが、両者が現役のときは、先輩である監督が本数で先行していて、王氏が追いかけていくという展開だった。

監督は1シーズン最多本塁打の記録でも、1963年に52本塁打を放ち10年ぶりに新記録を樹立したが、その翌年には王氏が55本塁打を放ちあっさりと記録を更新されている。両者は表面上は仲良くしていたが、内心では、少なくとも監督は、相当なライバル心を燃やしていたようだ。

それが表れたのがオールスターでの王氏の成績で、監督はパ・リーグの捕手として王氏を徹底して封じ込んだ。王氏は27打席連続ノーヒットとなり、パ・リーグの捕手が監督から別の選手に代わった28打席目にようやくヒットが出たのだという。こう述懐している。

「王に対してというより、セ・リーグの投手や捕手に対して反感を持っていた。オールスターでは『王はこうやって抑えるんだ』という手本を見せるつもりで対戦していた。でも、セ・リーグのキャッチャーは誰も攻略法を聞きに来なかったな」

その一方で、こんなことも言っていた。

「あるとき、ばったり銀座のクラブでワンチャン（王氏のあだ名）に会った。滅多にないことだから一緒になって、同席していろんな話をしていたんだけど、しばらくしたら突然立ち上がって帰ると言う。『まだいいじゃないか』と引き留めたんだけど、『荒川（博氏）さん（打撃コーチ）を待たせてますんで』と言って帰っちゃった。こんなときでも深夜に練習する。そりゃ、そのうち抜かれるなと思ったよ」

このように、監督は自らを「天才」ではないと自覚し、だからこそ自身にあったやり方で短所を克服し、選手として、そして監督として、「考える野球」を武器に「本物の天才たち」と戦っていた。

そのせいか、「天才」ではないのに自身にあったやり方を模索せず漫然とプレーしている選手や、「天才」と言える才能を持ちながら努力を怠る選手については、厳しい視線を投げかけていた。

監督は彼らのことを「安物の天才」と呼び、彼らのプレーする野球のことを「天才野球」と呼んで、「考える野球」の対極に置いていた。

脈々と受け継がれる「野村の遺伝子」

今でこそ監督の教え子たちが多くの球団で指導者になり、「考える野球」を実践しているが、監督が楽天を退任して解説者を務めていた2010年代は、そのような指導者はまだ多くなかった。一部では、日本のプロ野球は１９９０年代をピークに退化しているのではないか、とまで言われていた。監督の目にもそのように映ったようで、晩年の解説者時代はボヤキが止まらなかった。

「最近の野球は評論に困る。根拠がない。意図が感じられない。わからん。解説する自信がない。腹立つことばっか」と言い、「球場に行くのが嫌になる」とまで言っていた。

テレビ解説や新聞の評論のために現地観戦した試合で、なんの工夫もなく打ちあぐねて負けたりするチームを見ると、帰りの車の中でのボヤキは止まらない。

「なんの根拠も工夫もなく、『きた球を打つ』なんていう姿勢で最後までやられている。考える野球をしていれば、あとから振り返ったときに勝負を決めた『この一球』というのがあるものなんだけど、それがない。まさに天才野球。強いチームも弱いチームも天才野球をやっているから、弱者が強者を倒す意外性もない。野球界の将来が心配になるよ」

監督の心配はもっともだと私も思っていた。だがどうだろうか。何の因果か、監督が亡くなってから監督の教え子である高津臣吾監督が、監督の古巣でもあるヤクルトを率いて日本一になった。高津監督は、「野村野球は現代野球でも通用する」と語り、「野村監督の野球を後世に伝えていくことが我々の使命」というようなことも語っているという。

高津監督に限らず、今では多くの球団で監督の教え子たちが首脳陣になっている。今後しばらくは、監督が揶揄《やゆ》していた「天才野球」は影を潜め、監督の「考える野球」がさらに進化していくのではないだろうか。

監督の深意

「天才野球」をやっている相手は強者ではない

配球は4つのペアで成り立つ

皆川の「小っちゃいスライダー」

監督は配球の話になると、常々「4つのペア」ということに言及していた。すなわち、「高いと低い」「内角と外角」「速いと遅い（直球と変化球）」「ストライクとボール」の4ペアである。

「一つひとつの球種を単品で考えるキャッチャーはダメ」と言い、これら4つのペアで組み合わせてこそ、それぞれの球種が生きると語っていた。

そして、この話の具体例として必ずと言っていいほど触れていたのが、皆川睦夫氏と高津臣吾氏のケースだった。

皆川氏は南海時代の投手で右のアンダースロー。当時エースの杉浦忠氏も右アンダースローだったが、杉浦氏はホップするような速球を武器に打者を打ち取るのに対し、皆川氏は軟投派で、真っすぐとシンカーで幻惑するタイプだったのだという。そのため、皆川氏の課題は左の強打者をどう抑えるかにあったと、監督は振り返っていた。

遠征先ではまだ旅館に泊まっていた時代、皆川氏と同部屋になると、布団に入っても左打者対策の話は終わらなかったそうだ。ちなみに、皆川氏、杉浦氏、監督はいずれも同学年だ。

「正直に言うけど、榎本とか張本とか左の強打者になると、『頼むから打ち損じてくれ』と思いながら真っすぐのサインを出している」などと本音も交えて議論を重ねていたらしい。

シンカーのキレはいいので右打者はなかなか踏み込めず、それゆえに外角の直球も生きる。しかし左打者には踏み込まれるので、結果として外へのシンカーも脅威にならない、ということだったらしい。

左打者に踏み込ませないためにはどうしたらいいか、ということで考えついたのが、「小っちゃいスライダー」だった。

「大きく曲がるスライダーだと、バッターも見極めができるからあまり効果がない。真っすぐに見えて、最後に少しだけ食い込む小っちゃいスライダーなら効果があるんじゃないか」

こう話した監督の意見に皆川氏も納得し、意欲的に取り組んでくれたという。ブルペンで試行錯誤を繰り返して使えるめどが立ったのが1968年の春季キャンプでのことだった。

そして、この新兵器を試す絶好の機会が訪れた。巨人とのオープン戦で王氏の打席がまわってきたのだ。これ以上の「左の強打者」はいない。

初球、二球目と外角に外し、勝負を避けるかのような雰囲気を出しておいた。前年までの皆川氏なら、王氏のような左の強打者に対しては勝負を避けるのもあり得る。ここで監督が要求したのは「小っちゃいスライダー」。インコースの真っすぐだと思って強振した王氏のバットは鈍い音を立て、結果はどん詰まりのセカンドフライだったそうだ。

「あのときの皆川のうれしそうな顔は、よう忘れん。ニマーっとしてな。本当にうれしそうだった。今で言うカットボールだけど、当時はまだアメリカでも投げてるピッチャーはいなかったんじゃない？　世界で最初の球種だよ」

こう監督は述懐していた。

皆川氏はこの年、この世界初とも言われる球種を武器に加えて大活躍し、31勝を挙げ、NPB最後の30勝投手と言われている。

「あんなに勝てたのはノムやんのおかげ」という皆川氏に対し、「オレに感謝してくれたピッチャーは皆川だけ」だと監督も語っていた。皆川氏はシンカーとカットファストボールという内外角の「ペア」で大成功した好例となった。

シンカーを会得して成功した高津

皆川氏がカットファストボールをマスターしてから24年後の1992年秋、皆川氏と同じ右アンダースローの投手が試行錯誤を繰り返していた。現在ヤクルトの一軍監督を務める高津臣吾氏である。

1992年、ヤクルトは監督のもとでは初となる日本シリーズを戦い、第7戦までの激戦となるも、最後は王者西武に敗れた。西武を率いていたのは監督が現役時代からライバル視していた森祇晶氏。監督は悔しさも冷めやらぬうちに、高津氏にある球種の習得を打診していた。

「西武の投手陣の中でも特に潮崎《しおざき》（哲也氏）の緩いシンカーが印象に残っていた。潮崎もサイドスローで高津も似たようなフォームだったから、あの球を盗めないか、と。本人も『やってみます』と言ってたんだけど、しばらくして、『潮崎と同じ握りでは難しいですが、フォークの握りなら同じような変化になりそうです』と言ってきた。握りは重要じゃない、大事なのは変化だと言って続けさせたら、モノにしたよ」

こう監督は振り返る。奇しくも潮崎氏と高津氏は同じ年で、誕生日は1日違いだった。

高津氏の場合は習得したのが緩いシンカーだったので、スライダーやカーブとの内角・外角の「ペア」でもあり、直球との速い・遅いの「ペア」だったとも言える。投球の幅を広げた高津氏のその後の活躍は言うまでもないだろう。

翌1993年はクローザーに定着して20セーブを挙げ、日本シリーズでは胴上げ投手となった。ヤクルトで不動の守護神となったあとはＭＬＢや韓国、台湾でも活躍。日米通算３１３セーブを挙げ、指導者としても着実に実績を積み上げて、２０２１年には一軍監督としてヤクルトを日本一に、２０２２年はセ・リーグ連覇に導いた。

それにしても、皆川氏の時代から数えておよそ四半世紀を経ても、監督の理論が同じように通用したということになる。さらに言えば、この4つのペアは現代野球でも通用する考え方だろう。野球には限らないが、物事には変わっていく部分もあれば、変わらない部分もある、ということを思い知らされる。

監督の深意

一つひとつの球種を単品で考えてはいけない

エースとは、四番とは

「本塁打や打点が多いだけでは真の四番ではない」

よく監督は「〝○○とは〟と考えることが大事。オレは〝とは理論〟と呼んでいる」と語っていた。物事の本質を見て理解し、原理原則を踏まえた上で野球をしなさい、ということのようだが、これは野球に限らないだろう。「野球とは」「バッティングとは」という原理原則について理解していなければ、選手としても指導者としても大成しない、という考えを持っていた。

指導者としてよく言っていたのが、「四番とは」であり「エースとは」であった。

監督は言う。
「本塁打や打点が多いだけでは真の四番ではないし、勝利数が多いとか防御率がいいとかいうだけでは真のエースではない。監督の立場で言わせてもらえば、何かあったときに〝あいつを見習え〟と言えるような選手が四番でありエース。V9の巨人で言えば誰よりも練習する長嶋が真の四番。もちろんオレも、現役時代はその意識でプレーしていた。四番を打つ以上、練習でも手を抜けなかったし、むしろ『オレを見てみろ！』という意識で取り組んでいた」

楽天の監督時代、「四番」の役割を期待したのが山﨑武司氏だ。「野村監督は俺みたいな選手は嫌い」と思い込んでいた山﨑氏に対して、「おまえはオレと同じで誤解されやすいだろう？」とアプローチして心をつかんだのは既述の通り。その後「おまえが四番だ。他の選手の手本になれ」と言葉をかけてチームリーダーとしての自覚を促した。山﨑氏が試合中も若手の選手を指導したり鼓舞したりする姿は、監督の目にも映っていた。

ある試合で、内野ゴロを打った山﨑氏が、足のケガを抱えながら全力疾走し、相手のゲッツーを崩すべく一塁にヘッドスライディングをしたことがあった。楽天ファンには忘れられないシーンだろう。楽天の前に在籍していたオリックスでは当時の監督とケンカをし、退団時には野球を辞めようと思っていたほどの選手が、楽天で数字を残したのはもちろん、見事にリーダーシップを発揮したのである。

「山﨑という真の四番がいたからこそ、チームとして成長できた」と監督も振り返っていた。

「岩隈で負けたらしょうがないとチームのみんなが思った」

他方で、監督の楽天時代の「エース」については、田中将大選手か岩隈久志《いわくまひさし》氏か、判断がわかれるところだろう。監督も試合後のコメントなどで田中選手のことを「ウチのエース」と言っていたことがある。他方で岩隈氏については、どちらかというと厳しい言葉を発していたことを覚えているファンの方も多いかもしれない。

実際、楽天時代に監督が岩隈氏を「エース」と呼ぶことはほとんどなく、岩隈氏のことを「真のエース」だと思っていなかったのかもしれない。ただし、最後の最後で監督が岩隈氏に対する評価を一変させたことは、あまり知られていないだろう。その理由は2009年のクライマックスシリーズ（CS）にある。

この年、シーズン後半の快進撃で2位となり、クライマックスシリーズの第1ステージでソフトバンクを撃破した楽天は、第2ステージでシーズン1位の日本ハムと対戦した。第1戦をターメル・スレッジ氏の逆転サヨナラ満塁本塁打で落とした楽天は、第2戦で岩隈氏が先発完投するも連敗。第3戦を1点差で勝利して、迎えた第4戦のこと。4対6とビハインドの8回、楽天は中1日で岩隈氏を投入する。

監督によると、岩隈氏から志願があったのだという。その心意気を買っての投入だったがCS絶好調のスレッジ氏に3ラン本塁打を浴び、CS敗退が決まった。試合後の岩隈氏は涙していたそうだ。退任が決まっていた監督を両チームの選手やコーチが胴上げした、あの試合である。

「それまでは肩が痛いとか無理させられないことが多くて、とてもじゃないが真のエースという感じではなかった。でもあのCSでは、チームのために無理をして志願登板。結果的に打たれて負けたけど、そのあと泣いている姿も含めて、真のエースになったよな。岩隈で負けたらしょうがないとチームのみんなが思っただろう」

数年後のこと。監督の取材があり、いつものホテルでインタビューが行なわれた。

取材が終わって私がトイレに向かうと、通路で岩隈氏にばったり遭遇した。監督がいらっしゃるのでぜひご挨拶を、と私が言うと岩隈氏も向かったのだが、途中で足がピタッと止まった。「いや、今日はひげを生やしているんで、やっぱりまずいですよね?」と岩隈氏。私もその場で数秒間、全力で悩んだが、「おそらく、そのことよりも挨拶に来てくれたことを監督も喜ぶと思いますよ」と伝えると、岩隈氏も意を決して再び歩きはじめた。

沙知代夫人と並んで座っていた監督は、緊張した面持ちの岩隈氏が姿を現すと満面の笑みで迎え入れた。会話したのは時間にしてほんの数十秒だったか。岩隈氏が立ち去ったあとの監督は、「あんなふうに来てくれるのは、やっぱりうれしいよ」とずっと笑顔だった。

監督の深意

〝あいつを見習え〟と言えるような選手が四番でありエース

第4章

戦術・戦略

——組織を動かす極意

春は奇策の季節

監督が編み出してきた数々の奇策

監督の名言は数多くある。監督自身がサインに添える名言もあるし、世間的に人気の高い名言もいくつかある。そんな中で、「春は奇策の季節」はマイナーな部類に入るだろう。初めて聞いたという方も少なくないのではないか。

そもそも監督は、「戦いとは正攻法と奇策の組み合わせ」だと語っていた。正攻法の中でこそ奇策は成功するし、奇策を見せてこそ正攻法が生きる、という考え方だったようだ。これに対し、「野球の話ができるのはノムさんくらいしかいない」と語っていた落合博満氏は、「戦いに奇策はない」と、一見すると真逆のご意見をお持ちだったという。

プロ野球界のレジェンドであるお二人のご見解について私ごときが解釈を述べるのは大変気が引けるのだが、お二人は同じことを語っていると感じる。落合氏のご意見は、その場面で成功した作戦である以上、それはその場面での正攻法（＝正しい戦法）なのであり、どんなに奇抜な作戦でも奇策ではない、ということなのではないだろうか。

いずれにしても、監督は正攻法と奇策をある程度明確に分けて認識されていた。巨人の川上監督にあこがれていたため、石橋をたたいてもわたらない川上野球をお手本にしたかったようだが、戦力の整わない弱いチームを率いることが多かったため、奇策はどうしても必要だったようだ。

監督の奇策の代表格は「ささやき戦術」だろうか。しかし実は、監督が考案したものではない。あるとき、監督が打席に入ると、阪急の捕手・山下健《たけし》氏がこんなふうにささやいた。

「あれ？　野村、おまえ構え変えたのか」

自分のバッティングフォームを変えた覚えなどまったくない監督は、なぜそんなことを言うのだろう、そんなに構えが変わっているのか、と気になって仕方がなかった。その打席は打ち取られ、しばらく考えてからようやくわかった。

「あれはオレの気を紛らわすためにわざと言ったのだろう。それにしてもいい手だ。今後使わせていただこう」

「ささやき戦術」と聞くと、いろいろなことをペラペラとしゃべっているイメージがあるかもしれないが、監督に言わせればそうではない。何か一言、効果のありそうな言葉をかけて、打者に考えさせて集中力を削《そ》ぐことが目的なのだという。ちなみに、張本氏には「うるさい！」と一喝され、王氏は会話に乗ってくるものの投手がモーションに入ると集中力がすさまじく、ささやきの効果はまったくなかったらしい。長嶋氏は、「最近、銀座に出てるの？」と話しかけても「ノムさん、このピッチャーどう？」と返すなど、会話がかみ合わなかったそうだ。

ただし、監督の感触とすれば、ささやき戦術は「どうしてもというときの奥の手みたいなもの。超一流を除けば結構な確率で成功した」そうである。耳栓をして、これ見よがしに見せてきた打者もいたそうだが、「意識している時点でこっちの勝ち」と解釈し、実際に打ち取ることができたという。

ヤクルト時代に考案した「ギャンブルスタート」は、勝負所でバットに当たった瞬間に三塁ランナーがスタートを切るという一か八かの奇策だが、今では草野球でも用いられる戦術になっている。

阪神時代、絶対的な抑え投手がいない中で、「遠山・葛西スペシャル」を考案。右打者には右横手投げの葛西稔《かさいみのる》氏をぶつけ、左打者のときは葛西氏を一塁にまわして左腕の遠山奬志《しょうじ》氏をマウンドに上げ、次の右打者にはまた葛西氏に投げさせるという奇策だが、一定の効果を発揮した。

南海時代、満塁では三塁に偽投（現在はルール上禁止）して一塁けん制、ではなく二塁にけん制するという奇策で面白いようにアウトを稼いだという。どの奇策も、野球を深く研究し相手の心理を熟知していた監督だからこその奇策だと言えよう。

「シーズンに入っていきなり見せて、成功させる」

それではなぜ、「春は奇策の季節」なのだろうか。

監督によれば、奇策を用いる目的は大きく分けて二つあるのだという。一つはその試合において1点を取る、あるいは1点を防ぐという目的。すなわちその試合の中での成果を追求するものである。もう一つは、相手に警戒心を抱かせる目的。このチームは何を仕掛けてくるかわからない、とか、こちらの戦術は見破られているのではないか、と思わせれば、相手は思い切った作戦を仕掛けることが難しくなる。つまり、奇策を用いることで短期、長期の二つの効果を狙うことができるのである。

春に奇策を披露する意味は、特にこの長期的な効果を狙う点にある。シーズン開幕して間もない時期、見たこともない奇策をぶつけられた相手チームが受ける影響は大きい。シーズンを通して、また何かやってくるんじゃないか、びっくりさせられるんじゃないか、という不安がつきまとう。実際にある年、あるセ・リーグの球団を相手に4月に奇策を見せたところ、その後はシーズンを通してほとんど何も仕掛けてこなかったそうだ。「怯えているのが手に取るようにわかった」と監督は述懐していた。

「キャンプのときに報道陣をシャットアウトして練習しておくんだよ。もちろん、オープン戦では一切やらない。シーズンに入っていきなり見せて、成功させる。そしたらそのシーズン、あとは何もしなくても相手が勝手に警戒して転んでくれる。監督たるもの、まじめだけではダメ。奇策を使って心理的に攻めることも必要」
なんとも敵にしたくないタイプである。

監督の深意

監督たるもの、まじめだけではダメ

野球は意外性のスポーツ

「勝利の方程式」の言葉を嫌っていた？

日本のプロ野球は、アメリカのＭＬＢのトレンドを真似しながら成長してきたという側面がある。いわゆる投手分業制も、ＭＬＢで当たり前になってくると、日本でも真似をするようになった。そのきっかけを作ったのが監督であったことは、野球ファンにはお馴染みかと思う。

近年では分業制も発達し、セットアッパー、クローザーといった役割が確立されるようになった。最近では、試合終盤に出てくる投手が盤石だと、「勝利の方程式」などと言われることがある。「この投手が出てくれれば勝利は確実」とか、「相手からすればもうお手上げ」というような意味で用いられている。

しかし、分業制のきっかけを作った他ならぬ監督自身が、実はこの「勝利の方程式」という言葉をよく思っていなかった。

投手分業制が広まるきっかけとなったのは、南海時代、監督と江夏豊氏との出会いである。

はじまりは1本の電話だった。1975年のこと、当時、阪神の監督だった吉田義《よし》男《お》氏から電話があったという。「江夏いりまへんか?」という吉田氏に対して監督は、「江夏って二人いるんですか?」と返したそうだ。それくらい驚愕のオファーだったということだろう。

当時、江夏氏は阪神のスーパースター。1968年シーズンには401個もの三振を奪い、これはいまだにNPBのシーズン記録である。1971年のオールスターでは9者連続三振を記録し、これもいまだに破られてはいない。ただ、1975年当時は血行障害の影響で長いイニングを投げることができず、成績もかなり下降していた。

南海にやって来た1976年シーズンも、二まわり目には打ち込まれてしまうことが増えてしまった江夏氏。もはや先発投手として成功させることは難しいと考えた監督は、当時ちょうどMLBトレンドになっていた投手分業制に目をつけた。

1977年のシーズン序盤、江夏氏に「リリーフをやってみないか」と打診。これに対して江夏氏は「トレードで恥をかかされた上にリリーフなんて、二重に恥をかかせるのか！」と反発したという。それも無理はない。日本でも1960年代に活躍した「8時半の男」こと宮田征典《ゆきのり》氏らリリーフ専門の投手もいて、監督も「リリーフにスポットライトが当たったハシリが宮田」と語っていたが、1970年代になってもまだまだ一流投手と言えば先発完投、という時代だったのだ。

「それ以来、オレの顔を見るたびに江夏は逃げまわってたよ」と振り返る監督。しかし監督も、自分が捕手を務める以上、リリーフであれば江夏氏を再生できるという自信があった。今後のNPBで投手分業制が当たり前になるという確信もあった。何とか江夏氏を捕まえて、説得して、断られて、ということが続いたある日、監督がこんな一言を発した。

「球界に革命を起こしてみないか」

「革命か……」監督の記憶によれば、江夏氏はこう唸ったあと、しばらく黙り込んだという。そして「わかった、やる」と返してリリーフ転向を受け入れた。「マー君、神の子、不思議な子」などの名言を試合中の7回頃から考えていたとか、600号本塁打を記録したときの「オレは月見草」という言葉は何日も前から考えていたという監督だけに、「革命」についても前もって考えていた言葉なのかと思えたが、実は違うらしい。

「何とか説得したいと思って話しているうちに、ポッと出てきたんだよ。なぜかそのときに『革命』っていう言葉が」

こう語っていた監督。江夏氏を戦力にしたい、ひいてはチームを強くしたい。そんな熱意が言わせた一言だったのかもしれない。監督も必死だったのだ。

日本に投手分業制が浸透するきっかけを作った

リリーフ転向後の江夏氏の大活躍も、野球ファンにはお馴染みだろう。南海、広島、日本ハム、西武とわたり歩き、6度の最多セーブ、5年連続最多セーブはいずれも現在のNPB記録である。こうして監督は、NPBでの投手分業制を初めて確立した。その後多くの監督が追従し、大魔神・佐々木主浩《かずひろ》氏（元横浜、MLB）や歴代最多セーブの岩瀬仁紀《ひとき》氏（元中日）といった長年活躍するクローザーも多く現れた。

さらには複数のリリーフ投手を起用して逃げ切る戦術もとられるようになり、サンフレッチェ（森監督時代の西武）、JFK（阪神）、YFK（ロッテ）といった愛称で呼ばれるほどの盤石な投手分業制を確立するチームは、それぞれ隆盛を誇った。他ならぬ監督自身も、ヤクルト時代には高津氏をクローザーとして成功させ、阪神では苦肉の策ながら遠山・葛西スペシャルを考案するなどしている。

投手分業制が日本に浸透するきっかけを作った監督だったが、ではなぜ「勝利の方程式」という言葉を嫌っていたのか。監督はこんなふうに語っていた。

「勝利の方程式っていうけど、あれはマスコミの造語だよ。勝負ごとに絶対はない。この投手を出しておけば勝てる、逃げ切れる、なんて甘いもんじゃない。先発、中継ぎ、抑えというシステムがあるというだけで、方程式なんてないんだ」

他ならぬ監督自身が、例えば大魔神・佐々木氏などを擁する横浜との対戦などでは、

「9回に佐々木が出てくる前に、8回までにリードする必要がある」などと表現することがあった。それでも、リードされた状態で絶対的な抑えが登場することは、敗戦確定とイコールではないということだ。「勝利の方程式」という言葉を、「そんな甘いもんじゃない」と厳しい表現で否定する監督には、勝負師としての凄みが感じられる。

弱いチームを率いて強いチームに挑み続けていた監督は、「野球は意外性のスポーツ。戦力が劣っていても、工夫次第では勝てる」という野球観を持っていた。「勝利の方程式」は、「意外性のスポーツ」の対極にある言葉であり、この言葉をマスコミの造語と監督が切り捨てる理由は、自身の野球観にあったのである。

監督の深意

勝負ごとに絶対はない。だから勝利の方程式なんてない

勝負の世界はだまし合い

マウンドに行けば相手は「何だろう?」と思う

監督は捕手として、当初は投手のリードに悩み誰も教えてくれない中、自分の打席での相手投手の配球の傾向に気がついて、逆にそれをリードに活かした。相手の打者を一球ごとに観察し、狙い球を推察しては裏をかく。そんな作業を現役時代はもちろん、監督になってからも繰り返していたのである。

現役時代、監督の主戦場であったキャッチャーズボックス。目の前で対峙する打者との駆け引きは、まさにだまし合いだったようだ。

「キャッチャーは、打者の裏をかくことや打者の嫌がることをするのが仕事。相手の嫌がることばかりしているから、キャッチャーをやっていると性格が悪くなる。それで、こんなふうになっちゃった」

こう監督は笑いながら語っていた。

監督に聞くキャッチャーとしての駆け引きのエピソードは、確かに甘くないものばかりだ。

田淵幸一氏が鳴り物入りで阪神に入団した頃、監督はオールスターで対戦した。打席の田淵氏を追い込むと、「新人だから打たせてやるよ」とささやき、いかにも真っすぐで勝負すると思わせておいて、カーブ。田淵氏は三振したという。

監督は、敵の投手が捕手のサインに首を振ったあとに投げる球種に注目する。そこに投手の性格や傾向が出るからだという。

南海での兼任監督時代、すでに相手の配球やクセの研究は当たり前になり、自分たちも敵の研究対象になっていることを自覚していた頃の話。振り返って自チームを見ると、兼任監督である監督のサインに首を振る投手は誰もいない。そこであえて、「首を振れ」というサインを設けたそうだ。相手打者やベンチから見れば、若い投手が野村のサインに首を振るとは一体どういうことなのか、と考える。相手を幻惑するためのサイン。まさにだまし合いである。

監督になってからも、戦術的な奇策とは別に、相手を幻惑する行動を取ることがあった。

監督は試合中、投手交代などでマウンドに行くことは滅多にない。しかし時には、勝負所などで自らマウンドに足を運び、直接指示をしているようなシーンがあった。後年の解説者時代になってから、そういうときはどのような話をされるのですか、と尋ねられると、「大した話はしないよ。緊迫した場面で大した指示はできない。ただ、マウンドに行けば相手は『何だろう?』と思うじゃない。何かあると思わせるために行っていたんだ」と話していた。ここでもだまし合いをしていたのだ。

だまし合いに力を注いだ理由

楽天の監督時代、交流戦でセ・リーグのチームと対戦するときは、戦いやすかったそうだ。「みんな心理が働くのだから、勝負の世界はだまし合い。ところがセ・リーグのチームはみんなマジメ。マジメすぎて、やってくることが手に取るようにわかった」と語っていた。

他方で、この頃に楽天と対戦していたある選手はかつての監督の教え子で、こんな証言をしている。

「楽天戦で守備につくと、相手が何をやってくるんだろうと常に気になっていた。外野手の自分でもそこまで考えているのだから、バッテリーはものすごく考えているはず。それだけでこっちはかなり不利だった」

「キャッチャーをやっていたから性格が悪くなった」と苦笑いをしていた監督。しかしどうだろう。監督の教え子たちの多くは、今でも監督のことを慕っている。私のような末端の関係者も、監督に心酔せずにはいられなかった。

なぜか。それは、監督がだまし合いをし、敵の嫌がることをするのは、自軍を勝たせるためであり、自軍の選手を成功させるためだった、ということを教え子たちは知っていたからだろう。新天地に行くたびに前年の成績が下位であることが当たり前で、戦力もなかなか整わない中、何とか勝たせたい、成功させたいという思いで、監督はだまし合いに力を注いでいたのだと思う。その思いはもちろん、選手たちにも伝わっていた。

監督が70代の頃、講演のために福岡に赴く機会があり同行したのだが、控室にかつての教え子が訪ねてきたことがあった。帰りの福岡空港で監督に聞くと、その教え子は福岡に行くと毎回のように訪ねてくるのだという。いくら監督が著名人とはいえ、毎回毎回、福岡での監督の仕事の情報を得るのは簡単ではないだろう。その方の誠意も素晴らしいと思ったが、そこまで慕われる監督の魅力もまた、計り知れないと感じた。

監督が誰よりもだまし合いに長けていたのは間違いない。しかし、監督が誰よりも教え子に慕われていたことも、また間違いない。

監督の深意

すべては自軍の選手を成功させるため

監督の最大の仕事は「采配」ではなく「準備」

四番とエースは育てられない

野村監督は監督として通算1565勝を記録した。歴代5位で、通算1500勝以上の監督は5人。勝利数を名監督の基準だとするならば、監督は間違いなく名監督である。ただし敗戦数は1563であり、勝率は.5003とかろうじて5割を超えている。

「楽天の頃は通算で5割を切ると思っていた。最後の年に少し勝てるようになって2位になったから、二つだけ勝ち越すことができた。弱いチームを何とか強くしようとやってきたけど、それをよく表している成績だな」

こう監督は笑顔で振り返っていた。そして、「5割ちょうどなんて、オレはヘボ監督だよ」と自虐も忘れなかった。

ヤクルト時代はフロントの協力も手厚く、「自分が思う通りのチーム作りができた。ドラフトもオレの意向に沿ってくれたし、トレードや外国人選手の補強もがんばってくれた」と振り返る監督。

それだけに直後の阪神では、ヤクルトとの違いに戸惑ったようだ。フロントの協力が得られず業を煮やした監督は、当時の久万俊二郎《くましゅんじろう》オーナーに直談判した。「野村監督なら四番バッターも育てられるでしょう?」と言うオーナーに対し、「四番とエースは育てられない。いないならFAやトレードで連れてくるか、ドラフトで有望株を獲得するしかない」と反論。加えて、「阪神は監督をコロコロと替えているが、それでチームが強くなると思ったら大間違い。監督の采配で勝てたという試合はシーズンに5試合もあるかどうか。今の野球で大事なのは編成部です」と主張したのだそうだ。

かなりの激論になったと監督は語っていた。しかし後日「野村君の言うことには頭にきたこともあったけど、もっともだと思うところもあった」というオーナーの感想も耳に入ってきたという。実際に阪神は編成部にテコ入れし、監督が退任したあとの２００３年と２００５年に優勝したが、「オレは阪神では何もできなかったけど、唯一貢献したのは編成部のことだけ」と監督も振り返っていた。

監督の采配で勝てたという試合はシーズンに5試合もあるかどうか

ここで着目したいのは、「監督の采配で勝てたという試合はシーズンに5試合もあるかどうか」という監督の言葉である。

実際にインタビューなどでこの話を聞くと記者も疑問に思うようで、「野村監督でもそのくらいなのですか？」などと質問が飛ぶ。名将、策士と言われる監督だけに、采配でチームを勝利に導いているというイメージがあるようだ。これに対して監督はこんなふうに答えていた。

「今の時代、野球の戦略・戦術は出尽くしている。新しい戦術なんてほとんど出てこない。監督やベンチの采配で勝てたのは昔の話。今はベンチの力量もそこまで差はない」

「今は監督の最大の仕事は『準備』だよ。スコアラーが集めてきたデータをどう活用するかという試合ごとの準備もあるし、キャンプから選手を教育してコーチや裏方も含めて同じ方向に向かわせるというのも準備。野球は0点に抑えれば絶対に負けないのだから、裏方まで含めたチーム全員で1点を守るという意識統一が必要になる。また監督としては選手にいかに気分よくやらせるかも大事だけど、これも準備次第で変わってくる。監督は極端に言えば裏方。試合がはじまったら監督なんてやることない」

このように話していた監督。「やることない」は誇張があるとしても、監督がいかに準備を重視していたかがよくわかる。

監督によるキャンプ中のミーティングは学校の授業のようで、特にヤクルト時代はホワイトボードに監督が板書しながら講義を行ない、選手たちはそれを聞きながらノートに書き込んでいたと言われている。そして、シーズン中はデータに基づくミーティングを徹底していた。日本シリーズなどではさらに細部にわたっていたという。そこまでして野球の考え方やデータを事細かく伝えようとしていた監督だが、これも準備の一環だった。

「監督のミーティングはなぜそこまで長くて細かいのですか?」と問われたときの答

えは決まっていた。

「予備知識は重いほうがいい、先入観は軽いほうがいい、っていうじゃない。知らないよりは知っておいたほうがいいと思って」

阪神時代は結果に結びつかなかったが、ヤクルトも楽天も強くなったのだから、監督の方針は正しかったと言っていいだろう。

思えば「春は奇策の季節」と語り、滅多にやらないが絶妙なタイミングで仕掛ける奇策で、相手チームに強烈なインパクトを与えて心理的に揺さぶっていた監督。相手チームだけではなく実は我々ファンの側も監督の策士のイメージにだまされ、「采配」でチームを勝たせているのだと心理的に誤ったイメージを抱いていたのかもしれない。

監督の深意

予備知識は重いほうがいい、先入観は軽いほうがいい

「ヤマ張り」ではなく立派な「読み」

「殴ったほうは忘れていても、殴られたほうは忘れていないぞ」

「野球は頭のスポーツ。一球ごとに休憩があるのはなぜか、それはその間に考えなさい、準備をしなさい、ということ」

監督の野球観である。もっとも、監督がこのような野球観に至ったのは選手としてずいぶん年数がたってからのことだったようだ。

テスト生で南海に入団した監督は、自身の実力がプロの中でも底辺だと自覚していた。室内練習場やピッチングマシンが当たり前になるずっと前の時代で、プロ野球選手の筋力トレーニングも否定されていた時代であり、自主練習と言えば素振りくらいしかできなかった。しかし、1日も怠らずに素振りを続けた効果はあった。連日の素振りでスイングを完成させた監督は、努力の甲斐あって4年目に30本塁打を放ち初の本塁打王になる。このとき監督は、「よし、これでオレもプロの世界で食っていける」と確信した。

ところがそうはうまくいかない。5年目、6年目と成績は下降。カーブが打てないことが知れわたっており、ファンからですら「カーブの打てないノ・ム・ラ!」とヤジが飛ぶ。当時は球種にヤマを張って打つ打者は軽んじられていて、「ああ、あいつはヤマ張りだよ」というのは「二流の打者」という意味だったという。そのため監督も、真っすぐを待ちながらカーブに対応するというバッティングスタイルにこだわっていたのだが、どうにも成績が上がらない。

ある日、打撃成績が散々に終わった試合のあと、ロッカールームで頭を抱えていると、先輩の岡本伊佐美《いさみ》氏が声をかけてくれた。当時、100万ドルの内野陣と呼ばれた南海の鉄壁の内野手の一角、セカンドのレギュラーである。

「野村よぅ、殴ったほうは忘れていても、殴られたほうは忘れていないぞ」

すなわち、本塁打を打った監督自身は相手投手の配球など覚えていなくても、打たれたほうのバッテリーは覚えている。それゆえ次回は打たれないように対策を考え、配球を変えてくる、という意味だった。

この言葉をきっかけに監督は、当時の球団スコアラーである尾張久次氏に、カウントごとの球種とコースを記録してほしいと依頼した。すると、カウント2ボール0ストライクからは、監督に対して内角球を投げた投手は誰もいない、という事実に気がついた。「これは面白い」と感じた監督は、以後自分の打席での相手バッテリーの配球を研究しはじめ、球種を読むことにかけてはプロ野球随一となっていった。

「ヤマ張りでも結果を出せば評価されるはず」

もちろん、球種にヤマを張って打つのは二流、という評価も気にならないと言えば嘘になる。しかし監督は、「この世界は結果がすべて。ヤマ張りでも結果を出せば評価されるはず。そもそも、オレの場合はあてずっぽうやヤマ勘のヤマ張りではなく、過去の配球データから次の球種を導き出す立派な『読み』だ」と発想を転換した。そして7年目から成績は再度上向きになり、8年目には29本塁打で2度目の本塁打王に輝くのである。

一球投げて休憩、一球投げて休憩、という野球特有の「間」を利用して、監督は「読み」を武器に本塁打を量産した。それは守備の面でも捕手として投手をリードするのに大いに活かされた。「オレはキャッチャーをやっていなければあんなに打てていない」と監督が言っていたように、攻守に相乗効果をもたらしたようだ。

だが、監督が武器にしたのは配球の「読み」だけではなかった。

監督の深意

野球特有の「間」を利用して「読み」に磨きをかけた

なくて七癖

投手の「小さな変化」

配球を読むことで再び打撃の調子が上向いた監督だが、まだまだ課題があった。それを指摘したのは他ならぬ鶴岡監督である。

普段、球場の通路などですれ違っても滅多に声などかけられないのに、そのときはなぜかこんなことを言われた。「おまえは二流はよう打つが、一流は打てんのぅ」、痛烈な皮肉である。しかし監督も鶴岡監督の言葉の意味はよくわかっていた。「あぁ、稲尾のことを言ってるんだな、ってすぐにピンときた」と述懐していた監督。当時、西鉄、いやパ・リーグのエースとも言える稲尾和久氏を苦にしていたのだ。

稲尾氏と言えば1961年に42勝を挙げNPB最多タイ記録をマーク。1958年の日本シリーズでは0勝3敗から4連投し4連勝。「神様、仏様、稲尾様」と言われた、超一流の投手である。スライダーとシュートを武器としていた。

「真っすぐは剛速球ではないけど快速球。変化球も含めてとにかくキレがよかった。当時、ピッチャー主導で配球を組み立てていたのは稲尾くらいじゃないか。リリースの瞬間、打者の前肩の動きを見て、指先の加減で外したりすることもできた」

というのが監督の評価だった。配球を読んで対応しようとしたが、その裏をかくクレバーさも持ち合わせていたそうだ。


稲尾を打つにはどうしたらよいのか……。悩んでいた頃、偶然にもある人物が監督に郵便物を送る。MLB最後の4割打者であるテッド・ウィリアムス氏の著書を日本語に訳したものだった。その中で一箇所だけ、関心を惹かれた記載があった。

「投手はモーションに入った時点で投げる球種を決めている。それが小さな変化となって現れる」という部分。どういう意味だろうとしばらく考えて、「小さな変化」とは「クセ」のことだと気がついた。

そして監督はすぐに、南海の投手たちに聞いてまわる。するとどの投手も程度の差はあれ、球種によって投球フォームが異なっていた。なるほど、これは使えるかもしれない、と思った監督は、稲尾氏が登板すると、ベンチでも打席でも食い入るようにフォームを観察した。だが、さすがの超一流投手、肉眼で簡単に見抜けるほどのクセは見つからない。

しかし監督もあきらめない。当時はスマホはおろかビデオカメラなど市販されていない時代。知人に頼んで、16ミリフィルムでネット裏から稲尾氏を撮影してもらうことにした。「文字通り、フィルムが擦り切れるくらい何度も見たよ」と言う監督。ついに、フォームの中で右手に持つボールがチラリと見えた際に、白い部分が若干大きければスライダー、ということに気がついたという。「もう、ほんのちょっとの違い」だったそうだ。

こうして稲尾氏のクセを何とか見抜いた監督は、以後、稲尾氏との対戦で面白いようにヒットを重ねる。時には打たれた稲尾氏が首をひねっているのを、一塁に走りながら見ることがあったという。超一流投手をようやく攻略することができ、監督の打撃もますます安泰、と思えた時期だった。

「野村はよーう研究してるぞ」

そんな中で迎えたオールスター。当然、稲尾氏も監督も出場し、南海のエース杉浦氏とともに、パ・リーグのベンチでセ・リーグの練習を見ていたときのこと。杉浦氏がおもむろに稲尾氏に話しかけた。

「サイちゃん（稲尾氏の愛称）よう、野村はよーう研究してるぞ」

この言葉を聞いて、監督は血の気が引いたという。すぐに、「やめとけ、やめとけって」と言って制したため、杉浦氏はそれ以上何も言わなかった。

「そのあと稲尾の顔を見たら、何やら思い当たる節があるような表情をしていた。これはまずいな、でも杉浦のそんな一言では稲尾もわからないかもしれないな」

こう思いながら、その場はそれで収まったそうだ。

そして迎えたオールスター明け最初の西鉄戦。稲尾氏が先発だった。

「初球、ボールの白い部分が大きめに見えて、今まで通りならスライダーだろうと。でもオールスターでのことがあったから、様子を見ようと見送った。そしたらなんと、胸元にドーンとシュート。『やられた！』と思って稲尾のほうを見たら、細い眼をさらに細くしてニターッとしている。ああ、オレの研究の苦労は何だったんだろう、と思ったね」

このようにして、稲尾氏のクセの研究は振り出しに戻ってしまった。

それだけではない。「最近のバッターはフォームのクセまで見ているらしいぞ。気をつけろ」と稲尾氏がパ・リーグの他球団の投手にまで話をしていると耳に入った。すると、それまではほとんどの投手が隠そうとすらしなかったクセが、急激に見つけづらくなってしまったそうだ。このとき、監督は強く後悔し、こう誓った。「企業秘密はチームメイトにもしゃべっちゃいかん」。

以上は監督が取材や講演などでしばしば披露する鉄板ネタである。取材の場合は、インタビュアーがこんな質問をすることがある。

「それが１９７０年頃の話だとすると、今はほとんどの投手がクセを隠しながら投げているんでしょうか？」

すると監督の答えはこうだ。

「まあ隠そうとしてるし、オレも自軍の投手には隠すように言うけど、なかなか完璧にはいかない。執念を持って見ていれば、何かしらクセは見つかるものだよ」

そしてこう続ける。

「なくて七癖、っていうじゃない」

監督の深意

執念を持って見ていれば、何かしらクセは見つかる

バッティングは8割がそなえ

プロに必要なのは「二段のそなえ」

現役時代、全盛期の監督は１９６１年から68年まで8年連続でパ・リーグの本塁打王に輝いている。まさに無双状態。なぜこれほどまでに打ちまくることができたのか。ここまでの章を読んだ方には明白だろう。配球のデータを研究しつつ投手の球種ごとのクセを見抜いて、次はどんな球が投じられるのか、かなり高い確率で「読み」を成功させていたからである。

若い頃は真っすぐを待ちながら変化球に対応するという「A型」を目指したが、自身の限界に気づき「D型」にバッティングスタイルを変えた。ただし監督が一般的なD型と異なっていたのは、いわゆるヤマ張りではなく「読み」だったところにある。

特に監督が現役だった時代、一般的なD型と言えば大した根拠もなく一つの球種にヤマを張る、文字通りヤマ勘の打者を意味した。捕手として無数の打者を観察してきた監督は、自身もD型だけに、他のD型の打者が打席で見せる反応によって、どの球種にヤマを張っているか手に取るようにわかったそうだ。

そんな監督の打撃における持論は、「バッティングは8割がそなえ」である。試合に臨む前には相手投手の配球パターンとクセをインプットし、打席ではそれを元に次の一球を読む。何よりも野球は「一球投げて休憩」という「間」のスポーツだから、そなえるために考える時間も与えられている。これらすべてが「そなえ」なのであり、「そなえ」によりバッティングの結果は大きく左右される、というのである。

そして、「そなえ」の中身についても監督独自の持論があった。

「例えばさまざまな根拠から、『この打席ではカーブを狙おう』というだけでは、まだプロとして十分なそなえとは言えない。『浮いた』『カーブ』とか、『肩口から入ってくる』『カーブ』など『二段のそなえ』をしなければプロではない。なぜなら『二段のそなえ』をしていないと、ボールになるカーブにも手を出してしまうからだ」

このあたりの監督の理論には唸らされる。と同時に、若い頃の監督はたくさんの失敗を繰り返して「二段のそなえ」にたどり着いたのだろう、と想像させられる。

こうして、もともとは自身の打撃のために「読み」の能力を磨いた監督だったが、これが捕手としてのリードに大きく生きた。

「オレはキャッチャーをやっていなければあんなに打ってない」と語っていた監督。相手打者の心理を読み、配球に活かして投手たちを大いに助けた。広島の古葉竹識監督が「南海の投手をトレードで獲るときはマイナス5勝で考えないといけない」と言ったのは、選手としての晩年やコーチ時代を南海ですごし、監督の「読み」の力を熟知していたからである。

誰しもが驚いた監督の「読み」

それだけではない。監督になってからも、自チームの投手、捕手はもちろんのこと、打撃面でも野手たちを大いに助けた。「二段のそなえ」の大切さを説き、具体策を伝授していたのである。

ヤクルト時代、「野村再生工場」の代表的存在である小早川毅彦《たけひこ》氏が、開幕戦で巨人の絶対的エースである斎藤雅樹氏から3本の本塁打を放ったが、特にその3本目は、監督をはじめとするヤクルト首脳陣やスコアラーのデータ分析により狙い球を読んだ結果だったのは有名な話だ。ベースをまわってベンチ前に帰ってきた小早川氏が監督に向かって「バッチリでした！」というジェスチャーをしていたシーンを覚えている野球ファンも多いだろう。

楽天時代、同じく監督に「再生」された山﨑武司氏はある左腕を苦手にしていたのだが、一定のカウントになると外のボールからストライクになるスライダーを高い確率で投げる、というデータをインプットして、見事にそのボールを本塁打した。この試合でその左腕から2本の本塁打を打った山﨑氏は、以後、同投手に対する苦手意識を払しょくすることができたのだという。

複数の選手の証言によると、監督はベンチにいても相手投手の投げる球種をことごとく的中させるそうだ。以下は監督自身が述懐していたエピソードである。

監督の「読み」の正確さに驚いたヤクルト時代のある若手選手は、監督にこんなお願いをした。「真っすぐか変化球か、だけでいいので僕の打席で教えていただけないでしょうか」。監督としても選手が打てるようになるのはやぶさかではないし、まだ若手だから助けてやってもいいだろうと考えた。

「いいよ。ただし、間違うときもあるけどそれでもいいか」

「それでも構いません」

こんなやりとりをして監督とその選手は、真っすぐなら○○、変化球なら××というかけ声を決めたという。この選手の打撃成績が大いに向上したのは言うまでもない。

こうして「読み」を武器に野球界を生き抜き、教え子たちにも多大な恩恵をもたらした監督。だが、自身の「読み」に満足することはなかったようだ。

「将棋や碁は何十手も先を読むらしいじゃない。それに比べれば、せいぜい二手、三手先くらいしか読まない我々は、まだまだ甘い」

監督の深意

「そなえ」は二段階が必要

第4章

戦術・戦略

――組織を動かす極意

こんなスポーツあるか？

野球というスポーツは、なぜこんなに「間」があるのか

野球はしばしば、特殊な球技だと言われる。ほとんどの球技は、ゴールやそれに準じるものを目指して得点するものと、ネットを挟んで対峙するものに分けられる。前者はサッカー、バスケットボール、ラグビーなどで、後者はテニス、バレーボール、卓球などだ。野球やソフトボールはどちらにも属さない点で特殊と言える。

監督は戦前の生まれだが、当時の小学校や中学校でも体育の授業で球技を行なうことはあったらしい。監督いわく、球技は何でも得意だったとのこと。

少年時代にいくつかの球技を体験したこともあり、監督も野球は他のスポーツとは異なる特殊な競技だと認識されていたようだ。ただし、理由はまったく別な観点からだった。野球における「間」の多さに、監督は着眼していたのである。「一球投げて休憩、一球投げて休憩、こんなスポーツあるか?」というのが監督の口癖だった。

言われてみれば確かにその通りだ。サッカーやバスケットボールは、ボールがラインの外に出るか得点が入らなければ延々とプレーが続くし、テニスや卓球も、得点が入るまではラリーが続く。もちろん、一撃で点が入って「間」ができることはあり得るが、野球のように一球ごとに強制的に「間」が生じるわけではない。

18歳でプロ入りしてから野球のことばかり考え続けていた監督らしい着眼点だと言えるだろう。そして監督はさらに考えを深めていた。

「野球というスポーツはなぜこんなに『間』があるのか。それは、一つひとつの『間』において考えよ、という意味ではないか」

そしてこう続けるのだ。「やはり野球は頭のスポーツ。『間』で考えることができなければ、選手として大成しないし、試合にも勝てない」。

文字通り「野球の研究者」

監督は、「野球は○○のスポーツ」と表現することが多く、「○○」にはいくつかの言葉が入るのだが、そのうちの一つが「頭」であった。さらにはこう続ける。
「野球って厄介なのは、簡単にやっても難しくやってもできちゃうじゃない。考えないでやってても技量があればそれなりにできちゃう。考えて考えて選んだ一球を、何も考えていない打者にたまたま打たれることもある」

だとすると、「野球は頭のスポーツ」とは言い切れないのではないか、とも思えるのだが、監督はやはり考えることにこだわる。
「でも、プロとしてたまたまでいいのか、ということ。たまたま打てた、勝てた、よかった、で終わっちゃったら次はどうなんだと。考えてプレーする、すなわちプロセスを重視してプレーしていれば、その結果を受けて、次はこうしよう、ああしようってさらに考えられる。それが選手やチームの成長を促す。プロとしてはどちらが正しい姿勢なのかは明らかだ」

このあたりは野球だけではなく、万事に通じるのではないか。主に研究の分野などでよく言われる「トライ&エラー」。仮説を立て、挑戦（トライ）し、失敗（エラー）したら仮説を修正してまた挑戦する。監督は文字通り野球の研究者だった。

教え子たちにはこう説いていたという。

「よく選手たちに言うんだけど、他球団の選手に『野村さんってどんな野球するの？』と聞かれたら、『野村野球はプロセス野球』と答えなさいと。オレの野球はプロセス野球、プロセス重視の野球だよ。選手としてチームとして成長する道はそれしかない」

「間」の多いスポーツである野球は「頭のスポーツ」だととらえ、それゆえにプロセスを重視して自身の野球を「プロセス野球」だと説いた監督。今、プロ野球はもちろんアマチュア野球でも、監督の教え子たちが「プロセス野球」を日本中で広めている。

監督の深意

やっぱり野球は「頭のスポーツ」

ＩＤ野球

「Important」なのか「Import」なのか

ヤクルト時代の監督の野球を一言で表すとすれば、「ＩＤ野球」だろう。監督の愛弟子と言われた古田敦也氏は「ＩＤ野球の申し子」と呼ばれていたし、１９９２年のリーグ優勝、翌年の日本一によりヤクルトの注目が一気に高まると、野球ファン以外にも「ＩＤ野球」という言葉は浸透していった。

野球以外のスポーツでも、あるいは世間一般的にも、当時はあちらこちらで「ＩＤ○○」と言われていたように記憶している。

この言葉はどのように生まれたのか。ヤクルトの監督に就任する際、監督はスタッフにこんな相談をしたそうだ。

「データ重視の野球、って英語でなんて言うの？」

「Important Data ですかね？」

「略したらＩＤか。ＩＤ野球、音の響きもいいじゃないか」

実はこのときのやりとりで、スタッフの方が「Important」と答えたのか「Import」だったのか、監督に聞いてもどうもはっきりしなかった。監督も英語は堪能ではないので、そのときによって語る内容がまちまちだったりしていたが、お話を総合すると監督の記憶ではどうやら「Important」だったようだ。

ただ、そうなると「Important Data」では「重要なデータ」という意味になってしまい、「データ重視」という意味にならない。当時、「ＩＤって何の略？」という疑問をマスコミの方も抱いていただろうし、監督や周辺のスタッフに確認したに違いないのだが、その過程でどうやら「Important Data」では意味が異なるということで、「Import Data」になっていったのではないか。「Import」には「輸入する」という意味の他に「取り込む、持ち込む」という意味もあるから、「データを取り込む」という意味では「データ重視」と言えなくもないだろう。

実はこのあたりの疑問を、私自身も監督に出会う前から抱いており、「Important Data」では意味が通じないのではないかと危惧していた。しかし、「ＩＤ野球」という言葉がすでに広く知れわたっている以上、あとから「ＩＤ」そのものを変更することはできない。そこで監督ともご相談した上で、マネージャーとして、「Import Data」が「ＩＤ」の略である、という方向に統一しようとした。私がマネージャーとしてかかわった監督の著書は50冊以上あるが、「ＩＤ野球」に言及がある場合は必ず「Import Data」の略である旨、統一させていただいていた。

もっとも、私は１９９０年当時に監督のお仕事をしていたわけではないし、当時の当事者に聞けば別な経緯や見解があるのかもしれない。私の解釈はあくまで監督のお話から推測したものであることをお断りさせていただきたい。

イチロー攻略の秘策

さて、言葉としては若干不安定に思えるＩＤ野球だが、このキャッチフレーズの効果は絶大だった。他球団は監督によるデータ重視野球に戦々恐々とし、監督自身もそのイメージを利用して心理的に対戦相手を揺さぶっていた。その最たる例が、1995年のオリックスとの日本シリーズである。監督は振り返る。

「オリックスと日本シリーズを戦うことになって、どう考えても攻撃の中心はイチローだろうと。日本一になるにはイチローを封じなければならないと思っていた。そこでスコアラーに徹底して研究させたんだけど、『弱点が見当たりません』『ある程度打たれることは覚悟してください』って言う。ヤクルトのスコアラーがそんなこと言うのは初めてだったんじゃないかな。困ったな、と思った」

だからと言って何もしないわけにはいかない。

「仕方ないから、口で揺さぶることにしたんだよ。日本シリーズが決まるとマスコミが取材に来るじゃない。みんな、『イチロー攻略法は見つかりましたか？』って聞きに来る。そこで必ずこう答えた。『攻略法はありません。ただ、どうせ打たれるなら内角を思い切って突きます』。内角攻めするぞ、というイメージを持たせておいて、実際には外で勝負しようと。シリーズに入ったら、イチローも内角を意識しているようなスイングだった。最初の2試合くらいは通用したんだけど、こっちの戦術もバレちゃってホームランを打たれた。短期決戦だから通用したけど、もっと長く戦ったらもっとイチローに打たれていたと思う」

監督は「2試合くらいは通用した」と振り返っていたが、実際にはイチロー氏は第4戦まで複数安打がなく、第5戦の第1打席に本塁打を放ってこの試合は2安打を記録している。監督の記憶よりも長い間「口撃」は通用したようだが、それだけイチロー氏の対応力が監督に与えたインパクトも大きかったのだろう。いずれにしても、監督のID野球のイメージがなかったら、イチロー氏もここまで警戒して不振になることもなかったのではないか。

既述のように、小早川毅彦氏が斎藤雅樹氏から3本塁打を打ったシーンや、山﨑武司氏が苦手左腕を攻略して2本塁打したシーンのように、相手の配球データを研究し、このカウントではこの球種を投げることが多い、というデータを活用した「読み」はID野球の真骨頂と言えよう。今ではテレビでもお馴染みになったストライクゾーンを9分割するチャートは、監督のミーティングではボールゾーンにまで広げて活用していたようで、相手打者の強いコース、弱いコースを球種別、カウント別に分析していたという。このあたりもまさしくID野球である。

データ以上に大切にしていたもの

その一方で、こんな失敗談も語っていた。

「南海時代、巨人と日本シリーズを戦うことになって、スコアラーが集めてきた情報の中に、エース堀内（恒夫氏）のバッティングがいい、特にカーブ打ちがうまい、というものがあった。それで実際に真っすぐで勝負したら、ピッチャーなのにボコボコに打たれた。不思議に思って、あとでセ・リーグの人間に確認したら、堀内は普段はストレートにめっぽう強いから、セ・リーグの投手はみんな警戒してカーブを投げるんだけど、最近は堀内自身もそれにヤマを張って打っていた、ということだったらしい。うちのスコアラーはカーブにヤマを張っている堀内を見たということ。このときに、データというのは正しく扱わないといけないな、と学んだよ」

逆説的な言い方になるが、監督はデータをどこまで信用していたのだろうか。実は、こんな意外とも思えることも語っていた。

「データに振り回されてはいけない。データはあくまで参考であり、決断に困ったときに頼るもの。なぜならデータは好不調が反映されていない数字だから。体調、精神状態、表情はデータを超える。悩んでいるかどうか、打撃練習でじっと観察していればわかる。調子に乗っているとどうしてもアバウトになるし、悩んでいると丁寧になる」

キャッチャーとして、監督として、敵の打者一人ひとりを観察し、攻略法を考え続けていた監督。数字上のデータを妄信せず、観察した上での情報を優先していたという考え方は、その半生を考えれば、むしろ当たり前なのかもしれない。
「ＩＤ野球」を標榜しデータの重要性を説きつつも、データ以上に大切にしていたものがあったのだ。

監督の深意

データは正しく扱ってこそ生きてくる

捕手は守りにおける監督の分身

配球は一球一球が応用問題

「生涯一捕手」を座右の銘にし、「生まれ変わってもキャッチャーをやる」と話していた監督。それだけに、監督として率いたチームでは捕手の育成に心を砕いた。ヤクルト時代の古田氏、阪神での矢野氏、楽天での嶋氏。監督が指揮したチームには、必ず監督の弟子とも言える「名捕手」がいた。もちろん監督も意識して彼らを教育した。

「昔は『優勝チームに名投手あり』だったけど、今は『優勝チームに名捕手あり』だよ。キャッチャーさえ育ててしまえば、チーム作りの半分はできたようなもの」と監督は語っていた。

野球には守りにおいて9つのポジションがあるわけだが、なぜそれほどまでに捕手は重要なのか。単に監督が捕手出身だったから、という理由だけではもちろんない。「守りにおいては、キャッチャーは監督以上のことをやっている。捕手は守りにおける監督の分身であり、チームの第二監督なんだ」

このように監督が語った意味を、具体的に見ていこう。

まず、捕手は投手にサインを出す。投手が投げる一球一球を指示するのは捕手である。もちろん投手にも首を振る権利はあるわけだが、「リード」という言葉に象徴されるように、配球の組み立ては捕手が主導している。そして配球とは、打者を打ち取るために組み立てるものである以上、それを主導する捕手の責任は重大だ。

「配球には絶対的な正解はない。この場面でこの球種を投げておけば絶対に打ち取れる、ということはない。つまり配球は一球一球が応用問題」

こう監督は言う。だからこそ、サインを出すにあたっては根拠が求められる。監督が捕手を教育する上で重視していたのはまさにこの点であった。

今、投手が投じた球種に対して打者の反応はどうだったのか。データではどのコース、球種に強いのか。前の打席ではどうだったか。昨日はどうだったか。打者の調子はどうか。カウントは、走者は、点差はどうか。あらゆる要因を総合して考え、この球なら打ち取れる確率が高い、という勝負球を選択したり、その前振りになるような球を選択したりするのが、捕手の役割なのだという。

自身が現役の頃は、「投手のボールがベースを通過するときに、左目で打者の反応を見て、右目でボールを見ていた」と言い、捕手たちにもそのように教育していたようだ。「そんなことできません」と言った捕手に対しては、「執念が足りない。一流の捕手になりたくないのか?」と発破をかけていたという。実際には人間の目は別々に動けるわけではないだろうが、捕球をしながら視界の端に見える打者の様子を観察せよ、という意味だったらしい。

こうして根拠ある球を選択し続け、9イニングにわたって積み重なっていく配球。監督によれば、「キャッチャーのサイン一つひとつが試合の流れを作り、最終的には勝敗を分ける。キャッチャーは『脚本家』だと言ってもいい」とのこと。9イニングの間に1チームの投手が投げる球数はたいてい100~200球ほどで、捕手としてシーズンフル出場すればそれが百数十試合分である。いかに捕手が重労働か、想像を絶するものがある。

「ストライクゾーンに投げてさえくれれば、あとはオレが何とかするから」

ヤクルトの監督を退任したあと、キャンプの時期にスポーツニュースを見ていたら、古巣の古田氏の練習風景が紹介されていた。ブルペンで若手投手のボールを受け終わった古田氏が、投手に歩み寄ってこんなことを言ったそうだ。「とにかくストライクゾーンに投げてさえくれれば、あとはオレが何とかするから」。

「どこかで聞いたことがあるようなセリフだなぁ、と思ったら、現役時代の自分だった。若手投手のプレッシャーを取り除いてやろうと思ったんだろうし、実際、ストライクさえ投げてくれればリードできるし試合になる、という自信があるんだろう。彼もオレが求めていたレベルに到達したんだなぁ、と思ったよ」

「キャッチャーさえ育ててしまえば、チーム作りの半分はできた」とはまさにこういう意味なのだろう。シーズンを戦うためには多くの投手が必要だが、ベンチ入りする12名ほどの投手全員が一流ということはまずないし、仮にそうなったとしても全員が不調や怪我もなくすごすというのは奇跡に近い。その点、優秀な捕手が一人いれば、巧みなリードで多くの投手を戦力にすることができるし、投手が不調でも何とか試合にすることができるだろう。

捕手は守りにおける監督の分身。監督は自分が率いたチームで、まさに自分自身の分身を育成しようとしていたのだ。

監督の深意

キャッチャーさえ育ててしまえば、チーム作りの半分はできたもの

第5章

人材育成論・人生論

——根底にあった人を育てる精神

努力に即効性はない

他の選手が遊んでいる横で練習に明け暮れた日々

監督はテスト生として格安の契約でプロ入りした。1年目、お金がないので遊びに行くことができない。宿舎に帰って一人素振りをしていると、先輩たちがこんな声をかけて誘ってくるのだという。

「野村ぁ、バットふって一流になれるならみんななってるよ。一緒に連れて行ってやるから着替えてこい。かわいいお姉ちゃんが待ってるぞ」

お金のない監督にとってはこの上なく魅力的な誘いなのだが、考えてみれば安月給から寮費を払い実家に仕送りもしているため、おしゃれをする服を持っていない。結局、1年目の1年間、私服は高校時代の制服ですごしたそうだ。

泣く泣く誘いを断り、やることもないので素振りをしていた。当時は室内練習場もピッチングマシンもない時代で、「野球選手は重いものを持つな」と筋トレも否定されていた時代だった。できる個人練習は素振りくらいしかなかったのだ。


それは他の選手にとっても同様で、実際、キャンプ序盤では宿舎で素振りをする選手が大勢いた。みんな新しい年で最初はやる気になっているのだ。しかし、それが日を追うごとに人数が減り、開幕を迎える頃には監督一人となる。日々人数が減る中で監督は、「いいぞ、みんな遊べ遊べ」と思っていたそうだ。テスト生入団の監督がレギュラーになるためには、周囲の選手が努力してくれては困るからだった。

監督は素振りを、練習ではあるけれども、同時に首脳陣へのアピールともとらえていた。遠征先では、宿舎の庭でも監督の部屋に近い場所を選び素振りをしていた。エアコンもない時代で、監督が窓を開けてくれれば「お疲れさまです！」と挨拶をしていた。若い頃から、こういうところも抜け目がなかったようだ。

大打者を誕生させた「地道な努力」

さて、キャンプ序盤はみんな素振りをするのに、だんだんとやらなくなってしまうのはなぜか。監督が解説してくれた。

「素振りって地味だし、はっきり言って楽しい練習ではない。さらに言うと、今日素振りしたからって明日打てるわけじゃない。今日の成果が出るのは明日かもしれないけど3か月後かもしれない。努力の成果がすぐには出ないから、みんな飽きちゃうんだ」

監督になってからは選手にこう諭したという。

「努力に即効性はないよ、と。努力の成果はすぐには出ない。しかし続けなければ、永久に成果は出ないぞ」

監督はこのように素振りを続け、実際に素振りによって自分のスイングの良し悪しがわかるようになっていった。「ブーン」という長い音はダメで、「ブッ！」という短い音がいいスイングだとわかった。このことを理解してからは、素振りがむしろ楽しくなっていった。

理想のスイング音を追求して素振りをしていると、いつの間にか1時間くらい経ってしまう。こうして築き上げた力強いスイングで、4年目に30本塁打を放ち本塁打王となった。テスト生からタイトルホルダーへの大出世で、監督も「よし、これでオレもプロ野球で飯を食っていける」と自信をつかんだ。ところが翌年、翌々年と成績は下降。素振りをすれどもすれども成績は伸びず、特にカーブを苦手としていた。

正しい努力でなければ成功には結びつかない

すでに触れた通り、カーブを克服できない監督に3つのヒントが与えられた。「殴ったほうは忘れても、殴られたほうは忘れない」という岡本伊佐美氏の言葉から相手も研究していることを知り、MLBの強打者の本の和訳から投手のクセの存在を知り、自分の打席では2ボール0ストライクから内角球はないという事実からデータ分析の重要性を知った。そして、球種を読んで打つ「D型」の打者を目指す。その後の監督の大活躍はご存じの通りである。

監督はこの頃のことをこう振り返っていた。

「あのまま素振りという努力だけを重ねていっても打てなかったと思う。努力に即効性はないから続けることが大事なんだけど、正しい努力じゃないと成功には結びつかない。努力の方向性も大事だと気がついたんだ。素振りはもちろん続けたが、クセや配球の研究もどんどんやった。指導者になって、努力の方向性が間違っている選手がいたら気づかせてあげないといけない、と思うようになった」

努力に即効性はない。継続は力なり、という言葉は誰でも知っている。しかし、努力の方向性も大事だということは、日常の中でつい見逃されていないだろうか。

監督の深意

努力には方向性がある

欲から入って欲から離れよ

監督が抱いていた「欲」とは？

すでに触れたように、監督は少年時代、大変な貧しい生活を送っていた。子どもの頃からお金持ちになりたい、苦労している母親に楽をさせてあげたいと思い、美空ひばりさんに影響されて歌手を目指して歌唱部に入ったり、映画ブームに影響されて鏡の前で役者の真似事をしたりしたが、いずれも早々に才能がないことを悟ったそうだ。

そんな中、中学校時代に友だちに誘われて入部した野球では、高校時代に公式戦で本塁打を放つなどして、もしかしたらお金を稼げるかもしれない、という手応えをつかんでいたようだ。

このように、監督がプロ野球選手を目指した動機は、ズバリ「お金を稼ぐ」こと。それは紛れもない「欲」であるし、監督の「欲」は特に強烈なものだったようなのだが、なぜ監督はそれでも成功できたのか。その秘密はこの「欲から入って欲から離れよ」という言葉に隠されていると思う。

そもそも「欲」には害しかないのかと言えば、そうではないだろう。「欲」は時に強力なモチベーションになり得る。監督を例に取れば、ハングリー精神に置き換えてもいいだろう。あんなに貧乏な生活は絶対に繰り返したくない、という思いが強ければ強いほど、お金を稼ぎたいという動機も強くなる。そういう意味では、「欲」も成功するために必要な要素なのである。これが「欲から入って」である。

そして監督が優れていたのは、この「欲」に流されなかった点にある。

プロ1年目、シーズン中も宿舎で素振りをしているのは自分だけだったと監督は振り返るが、「着替えてこい、お姉ちゃんが待ってるぞ」という先輩の誘いにグラグラっときながらも乗らなかった。この頃は年俸が安すぎて学生服以外の私服を持っていなかった、という幸運もあったのだが、「欲」に流される人であればそれでも華やかな夜の街に繰り出していただろう。

監督はそのような一時の金持ち気分を味わうことよりも、自分の実力を伸ばしてお金を稼ぐことを目標にし、そのための努力を怠らなかった。このように「欲」に流されないことこそ、「欲から離れる」なのではないだろうか。

「欲」の存在は、長期的な目標を設定すること、そしてそのために努力を続けることに資する。そのため「欲から入る」ことは大切なことなのだ。

反面、「欲」に流されてしまうと、目標もあやふやになり、努力を続けることも怠るようになる。ブレずに努力を続けるためには「欲から離れる」ことも大切なのである。

「欲」が強ければ強いほど、次の一球への準備に余念がなくなる

監督はさらに、「欲から入って欲から離れよ」は、1試合の中、1打席の中でも必要になることを説いていた。

「勝負事だから、勝ちたいという欲がどうしても出る。無心、無欲はできない。でも一球一球テーマを持っていれば、欲から離れられる。欲から離れさせることは監督の大事な仕事の一つだよ」

この言葉について、私なりの解釈はこうだ。

野球選手であれば誰でも成功したい。重要な場面で打席がまわってきて、何とかヒットを打ちたいという「欲」を持つこと、すなわち「欲から入る」ことは自然なこと。しかし、その思いだけでヒットが打てるほど、プロの世界は甘くない。そこで、「ID野球」の出番である。

この投手はこういう場面で初球は何から入ることが多いのか、カウントによってどの球種をどこに投げる確率が高いのか、そういったデータを事前に頭に入れ、さらには今日の調子、傾向、今現在の表情などをしっかりと観察して、次の一球に準備する。

それはまさに、一球一球にテーマを持つことに他ならず、こうした作業をしていれば、打席の中で「欲」が頭をちらつく余裕もなくなる。むしろ「欲」が強ければ強いほど、次の一球への準備に余念がなくなり、「欲から離れる」ことができるのではないか。

プレッシャーのかかる場面で、頭をフル回転させて次の一球への準備をし、結果を出す。仮に結果が出なくても、その結果を踏まえてさらなる改善につなげることができる。そのような経験を繰り返してこそ、選手として次のレベルに到達することができる。

監督は選手にそのような手ほどきをすることを、自身の重要な仕事の一つだととらえていた。「野村監督の指導を受けてみたかった」という選手やOBが多いのも頷ける。

監督の深意

一球一球テーマを持っていれば、欲から離れることができる

先入観は罪、固定観念は悪

自分自身への戒めとして

監督が遺した言葉の中でも、人気が高いものの一つだろう。

人間誰しも、先入観や固定観念を持っていたがために物事の真理を見抜くことができなかった、という経験があるものだ。他方で、人生における経験を積めば積むほど、先入観や固定観念が出来上がってしまいがちなのもまた事実。監督のように、一般の社会人よりもはるかに多くの経験をしている人であればなおさらだと思う。監督はこの言葉を、そんな自分自身への戒めとして発することが多かった。

監督は自身の監督時代に怪我をした選手について、後悔の言葉を口にすることが少なくなかった。

ヤクルト時代の岡林洋一氏や伊藤智仁《ともひと》氏が代表例だが、楽天時代、田中将大選手がひじを痛めた件についても、反省の気持ちを隠すことはなかった。

それは、田中選手がプロ2年目のシーズンを迎える前のキャンプに遡る。監督の記憶によると、田中選手と話をしている中で「今年は真っすぐにこだわりたい。真っすぐの球速を上げたいです。」と言っていたのだという。監督としても、田中選手には伸びしろがあるだろうと考え「いいぞ、やってみろ」と後押ししたのだそうだ。

「オレも悪かったんだけど……」と監督は振り返る。

「19歳で若いから、まだ体も強くなるだろう、球速も上がるだろうと考えちゃった。でも実際シーズンに入ったら、速い真っすぐを投げようとして力むから、球速は出ても伸びがない。力んだフォームだからボールも見やすい。結果的に1年目に比べて真っすぐの質は落ちてしまった。その上、力んで腕を振るもんだからひじを痛めた。最終的に勝ち星も1年目より減った」と自身の落ち度であったことを認めていた。

「まさに、先入観は罪、固定観念は悪、だな。若いから、伸びしろがあるから、という先入観で安易に同意してしまった。投手の基本はコントロール、という大原則をオレ自身が忘れちゃってたんだよ。大失敗だった」と後悔しきりだった。

変遷した大谷翔平選手への評価

さて、監督の大谷翔平選手への評価が変遷していったことも、多くのファンがご存じかと思う。もはや説明するまでもないだろうが、大谷選手は投打の二刀流でプレーする前提で、北海道日本ハムファイターズに入団した。当初の監督の評価はかなり厳しいものだった。

「二刀流は大反対。そんなに甘くない。一芸を磨くべき」

「プロを舐《な》めるなよ。通用させたらパ・リーグの他の5球団はプロを辞めろ」

大谷選手がプロ入りした2013年から翌年くらいまでは、監督も他の解説者と同様に二刀流を大批判していたのだ。

ところが2016年頃だったと記憶しているが、ある雑誌の企画で監督が大谷選手と対談をすることがあった。監督は通常、仮にその選手のことをよく思っていなかったとしても、面と向かって批判することはない。このときも終始和やかなムードで1時間足らずの対談を終えた。退団後は、大谷選手がストイックに野球に打ち込んでいる姿に、「我々の頃とは大違い」と大いに感銘を受けていた。

大谷選手は2015年には投手として最多勝、最優秀防御率などタイトルを獲り、2016年には打者として自身NPB最多の382打席に立ち、打率3割2分2厘、22本塁打を記録していた。大谷選手と直接対談をしたことに加え、大谷選手がNPBで実際に投打での活躍を見せていたことも影響したのだろう。この対談の前後あたりから、監督の批判のトーンは明らかに弱まったと記憶している。

そして、大谷選手のMLB移籍が決まった2017年末～2018年初頭頃には「ここまできたら、メジャーでの二刀流を見てみたい。楽しみだよ。ワクワクする」とまで語っていた。

この頃、ある取材で大谷選手について「かつてはかなり批判されていましたが……」という質問が飛ぶと、「先入観は罪！　固定観念は悪！」とやや芝居がかった低く大きな声で言ったあと、こう続けていた。

「ピッチャーでもバッターでも、プロでやっていくってのは大変なこと。長年活躍できるのはほんの一握り。そんな世界で両方なんてできるわけがない、と思っていた。まさに先入観、固定観念。しかし、二刀流であれだけの能力を見せて、これからメジャーに行くという。そうとなればもう応援するしかない。見るのが楽しみだよ」

監督と言えどもやはり人間である。先入観や固定観念を持ってしまうことは避けられないし、それにより判断を間違えることもあるだろう。ただ大切なのは、そうした先入観や固定観念を間違いだったと気づき、考え方を変える柔軟性を持っているかどうか、なのではないか。

監督の深意

物事は決めつけず柔軟性を持って考える

長所を伸ばすか、短所を直すか

一芸に秀でた選手を獲得すべき

監督は、ドラフトは編成部の仕事であり、原則として監督が直接かかわる分野ではないと考えていた。ただし、編成部から聞かれれば希望は伝える、というスタンスだった。

ヤクルト時代がまさにそうで、「近いうちに即戦力になりそうな投手を中心にドラフトしてほしい」と要望を伝えていたそうだ。実際、ヤクルト時代の9年間のドラフト1位は、1995年以外はすべて投手を指名している。

特にヤクルト時代前半のドラフト1位の顔ぶれを見てみると、1990年の岡林洋一氏（専修大）、92年の伊藤智仁氏（三菱自動車京都）、93年の山部《やまべ》太《ふとし》氏（NTT四国）、94年の北川哲也氏（日産自動車）は、いずれも大学か社会人出身の即戦力だった。91年の石井一久《かずひさ》氏（東京学館浦安）は高校卒だが、94年には54試合に登板し95年に13勝を挙げるなど即戦力と言っていい人材だった。ちなみに、現ヤクルト監督の高津臣吾氏（亜細亜大）も90年のドラフト3位である。

「ヤクルト時代は、編成部もオレの意向を踏まえたドラフト戦略を立ててくれた。特に投手についてては本当にうまくいった」と監督も振り返っていた。

また、編成部に任せると言いつつも、ドラフトについての持論を持っていた。

「球が速い、遠くに飛ばす、足が速い。これらは教えてできるようになるものではなく、天性のもの。天性のものを持っている選手を指名すべき」

という考え方である。同じような趣旨で「走攻守すべてにおいて平均点、という選手よりも、一芸に秀でた選手を獲得すべき」とも語っていた。

「一芸に秀でた選手」という監督の考え方がもっとも反映されたのは、阪神時代の赤星憲広《あかほしのりひろ》氏（JR東日本）の獲得だろう。シドニー五輪の強化指定選手として阪神のキャンプに参加した赤星氏の足の速さを、監督は高く評価していた。「足だけ」というスカウトの評価を意に介さなかった監督の意向で、２０００年のドラフトで4位指名された。その後、新人王や5度の盗塁王に輝くなど大活躍したのは、ご存じの通りである。

短所を克服したからこそ

ドラフトで獲得したあとの育成はどうするべきか。監督はこんなふうに語っていた。

「よく言われるのは、長所を伸ばすのと短所を直すのとどちらがいいのか、ということ。オレは自分の経験から、短所を直すべきだと思う。4年目に本塁打王を獲ったあとの2年間は成績が下がったのは、カーブを苦手にしていたから。配球やクセの研究で読みを武器にしてカーブを克服したから、その後のオレがある。自分の経験からも、プロでは短所をそのままにしていては通用しない」

この言葉を聞いて意外に思う人もいるだろう。一般的には短所の矯正よりも長所を伸ばすことこそが、人材育成に必要だと言われている。阪神時代のある指導者も、「野村監督はドラフトでは一芸に秀でた者を獲れと言いながら、プロでは短所を直せと言う。それは矛盾している」と疑問を感じていたと聞く。ただ、この疑問にはやや誤解があるようにも思う。

例えば足はめちゃくちゃ速いが長打力がない、という選手がいたとする。「非力」というのはバッティングにおいては「短所」である。それを直すということは、本塁打を打てるようなパワーをつけることなのかというと、そうではない。バッティングが弱いという短所を、何とか出塁できるレベルまで引き上げるということが、短所を直すということになるのだ。

さらに言えば、「出塁できるレベル」とはきれいなヒットを打つことに限られない。四球を選ぶ選球眼だったり、三遊間に転がして足を活かして内野安打を稼いだりすることも、立派な「出塁できるレベル」である。つまり、必ずしも長打力やパワーを向上させなくても、「非力」というバッティングの「短所」を克服することはできるのだ。

ドラフトで獲得される一芸に秀でた選手たちが原石だとすれば、短所の克服はすなわち原石を磨いて宝石にすることである。監督のもとで数多くの原石が磨かれ、その多くは引退後も指導者として野球界の宝になっている。

監督の深意

短所を克服させて（原石を）宝石にする

人は何のために生まれてくるのか

監督の仕事は選手の人間教育

もはや伝説となっている、監督のミーティング。キャンプ中は毎晩行なわれ、特にヤクルト時代は監督がホワイトボードに板書しながら説明し、選手たちは学生のようにノートを取っていたという。複数のＯＢの証言によると、監督はミーティングでは野球の話をほとんどしない。既述のように、これは巨人Ｖ９時代の川上哲治監督のミーティングに倣《なら》っていた。「監督の仕事は選手の人間教育。野球を教えるのはコーチの仕事」と監督自身も語っていた。

その人間教育として象徴的だったのが、「人は何のために生まれてくるのか」という問いかけだろう。監督は自身のミーティングをこう振り返る。

「キャンプの初日のミーティングでは、選手たちの緊張が伝わってくる。ベテランはたいていうしろのほうに座って、前のほうはどうしても若手が多くなる。最初にいきなり聞くんだよ。『人は何のために生まれてくるのか』って。それですぐに、最前列の若手を指す。『おい、おまえどうだ』って。そうするとたいてい『考えたこともありません』って答える。間髪入れずに『だったら今考えてみぃ』と言ってやる。まあ、黙りこくるわな。『他の選手も、今考えてみろ』って言うんだけど、答えられるヤツはいない」

そうしてしばらく沈黙が流れたあと、答えを披露するのだそうだ。

「人の役に立つためだよ」

ちなみにベテランではなく若手を指名するのは、ベテランが答えられないと恥をかくからだそう。ベテランにこんなところで恥をかかせる必要はない。若手なら失うものはないから、とのことだった。こんなところにも、監督のさりげない気遣いが感じられる。

そして監督の人間教育は続く。

「人間、ってどう書くの？　人の間って書く。人間は人の間で生きている。人は一人では生きていけない。支え合って生きている。ということは、それぞれが何かしらの役に立っているということ。人間は世のため人のため、が第一歩なんじゃないか」

まるで金八先生のようだが、これらの言葉には監督の野球に対する考え方が凝縮されているようにも思える。

監督は常々、「自分が活躍してチームを勝たせる、というのと、チームが勝つために自分が貢献する、というのとでは似ているようで正反対。まずチームありき、チームの勝利ありきでなければ。そういう選手が集まっているチームは強い」と言い、「社会人野球が本当の野球。自分の成績で給料が変わるわけではないから、チームの勝利のために団結できる。プロ野球でそうなるのは、日本シリーズのときだけ」とシダックス時代のことを懐かしんでいた。

このように、監督が選手に人間教育を施すのは、「一流の野球選手になるためには、まず人として一流になれ」という考えを持っていたからだ。しかし、それは野球での成功やチームの勝利を目指すためだけではなかったようだ。

「30歳をすぎたら、引退後のことを考えて生活しろ、と言うんだよ。いつまでも現役選手ではいられない。いつか引退する。そのときに人としてちゃんとしていなかったら、社会に出てから困るだろう。引退後の人生のほうが長いんだから。そのためにも人間教育は必要。野球バカじゃぁダメなんだ」

根底にあった「選手たちへの愛情」

では、監督ご自身はどうなのだろう。「生涯一捕手」を名乗り、「野村－野球＝ゼロ。オレから野球を取ったら何も残らない」とまで言っていた監督は、まさしくいい意味で「野球バカ」なのではないのか。

そう尋ねられると、「オレは運がよかっただけ。南海をクビになったときも、阪神をクビになったときも、もうダメかと思ったけど、チャンスをくれる人がいた。現役を引退したあともたまたま講演ブームで仕事がたくさんあったから、家を建てられるほど稼げた」と笑っていた。

監督が野球界だけで生きていくことができたのは決して運だけではなく、背景には若い頃からの弛《たゆ》まぬ努力があったのは間違いない。しかしその一方で、努力はしているのに開花しなかったという選手をイヤというほど見てきたのだろう。引退後に人生が狂ってしまった人も少なくなかったはずだ。

自軍の選手たちには、そうならないでほしい。「人は何のために生まれてくるのか」という問いかけには、監督の選手たちへの愛情が隠されていた。

監督の深意

引退後の人生を見据え人間教育が必要だ

信頼を得る一番の近道は「言葉」

言葉の能力を買われ、ヤクルトの監督に就任

とある取材での出来事。監督の教え子ではないある選手の話になって、取材者が「彼は背中で引っ張るタイプのリーダーらしいですよ」と言った。それを聞いた監督は少し考え込むような顔になって、こうつぶやいた。

「背中で引っ張るリーダーって、実際にいるの？」

そしてこう続けた。

「説得力は言葉からくるものじゃない？　仕事への取り組み方もあるだろうけど、こんなオレに声がかかるのは言葉の積み重ねだと思う。信頼を得る一番の近道は言葉だよ」

監督は現役を引退した１９８０年からヤクルトの監督として初年度を迎える１９９０年まで、解説者を９年間務めている。解説者というといかにも定職のようにも聞こえるが、プロ野球団から監督やコーチの声がかからないという意味では、いわば浪人のようなもの。それがなぜ突然、縁もゆかりもなかったヤクルトから監督要請があったのか。監督によれば以下のような経緯だという。

「当時の相馬球団社長と初めて面会したときに、『野村さんのテレビの解説を聞いて、これぞ本物の野球、これぞプロだと感じ入った。ウチの馬鹿どもに野球を教えてやってほしい』と言われてな。オレは南海で監督になる前は、高卒のテスト生上がりが監督になれるなんて思っていなかったし、南海の監督も辞め方が辞め方だっただけに、そのあとどこかで監督になれると思っていなかったから、引退したら日本一の解説者になるつもりだった。９年かかったけど、その姿勢を見てくれる人がいた。努力していれば、見てる人は見てるんだなと実感した」

一説によれば、このとき面会して上記の言葉を発したのは桑原オーナーという話もあるようだが、いずれにしても解説者としての監督の言葉が評価されて監督要請があった、ということは間違いないようだ。

解説者はほとんどテレビに映らず音声によってプレーの一つひとつを説明する役割だから、説得力を持たせるには言葉しかない。野村スコープといった創意工夫もあったとはいえ、監督は言葉の能力を買われてヤクルトの監督に就任したと言っても過言ではないだろう。

監督には頭脳派というイメージがあるが、そのイメージの発端はこの解説者時代にある。すなわち、監督自身の言葉の説得力によって、監督の頭脳派のイメージが確立された。しかし自身が頭脳派と呼ばれることについて、監督は大変謙虚であり、かつ辛辣だった。

「要するに、プロ野球界はバカばっかりなんだよ。だからオレなんかが頭脳派と言われる。今のオレがあるのはまわりのおかげ。ちょっと変わったことを言うとすぐ頭脳派。野球界はレベルが低い」

楽天の監督を退任したあとの解説者時代も、取材が殺到する状況についてこんなふうにボヤいていた。

「こんな爺さんに話を聞きに来るなんて、他に人がいないの？　いないのか……。野球界もいよいよ人材不足だな」

「監督はよく勉強しているな」と思わせる

その一方で、現役引退後の9年間の解説者時代については、感謝の気持ちも持っていたようだ。

「解説ってラジオはもちろんテレビでも、言葉で表現するしかないじゃない。身振り手振りすらできない。しかも時間が限られている。モタモタしてるとすぐに次のプレーがはじまっちゃう。あれでだいぶ鍛えられたな。思っていることを即座に言葉に表現する訓練を9年間もやらせてもらった。それに現場を離れることで、野球を客観的に見ることができた。最近引退した選手にも言うんだよ。一度現場を離れて解説者になるのもいい経験だぞって」

日本一の解説者になるために師と仰ぐ草柳大蔵《くさやなぎたいぞう》氏に相談すると読書をすすめられ、現役を引退してからは数多くの本を読み漁ったという。読書に裏打ちされた豊富な知識により、監督の言葉は一層の説得力を持ち、9年間の解説者時代に言葉で表現する能力を鍛え上げたあと、ヤクルト監督就任以降は現場での経験が一つひとつ蓄積され、さらに監督の言葉は洗練されていった。

そのような監督の言葉の能力が最大限に発揮されたのが楽天監督時代であり、そのあとの解説者時代だったのではないか。楽天時代は試合後の監督のコメントがほぼ毎晩、スポーツニュースで映像として取り上げられていた。こんな指揮官は後にも先にもいないだろう。

「言葉の積み重ねで選手の信頼を勝ち取る。ここが選手との勝負。監督はよく勉強しているなと思わせられれば、信頼も得やすい」

こう語っていた監督は、言葉の重要性を誰よりも意識していた。それゆえ、言葉を使って叱ること、ほめることの難しさに正面から向き合った。だからこそ、才能がありながらくすぶっている選手たちの信頼を勝ち取り、適切な言葉をかけ、再生することが可能だったのだろう。あるいは弱小と言われたチームを戦う集団に変え、優勝争いをすることが可能だったのだろう。監督が遺した多くの言葉は今でも、野球界に限らず一般社会でも多くの人々に信頼されている。

監督の深意

選手の信頼を勝ち取るために愚直に「言葉」を積み重ねる

第5章
人材育成論・人生論
――根底にあった人を育てる精神

叱るとほめるは同義

他人の欠点はよく見える

監督は南海時代に選手兼任監督を務めたが、就任したのは1969年、監督が34歳のときのこと。今とは時代が違うとはいえ、34歳というとまだまだ若者と言える年齢だろう。そのような若さで監督を務めることになり、さまざまな悩みを抱えていたことは想像に難くない。

悩みの一つは、選手に苦言を呈するときだったという。それこそこの時代は上司が部下を怒鳴りつけることなど日常茶飯事だったようで、野球界も例外ではなかった。

「選手としてもそうだったけど、監督になるとなおさら『勝ちたい』と思うじゃない。選手があまりに不甲斐ないプレーをしたりすると、どうしても怒鳴りつけることがある。でも、あとから考えるんだよ。『勝ちたい』って気持ちだけで選手を怒鳴りつけたんじゃないか。感情で怒ったのか、愛情で叱ったのか。それは常に反省していた」

南海監督時代の監督は30代で、このような悩みも無理からぬところはある。実際、監督の教え子の中でも、南海時代の選手たちは監督の評価が相対的に低いと感じることがあるが、まだまだ監督ご自身も発展途上だったのかもしれない。ヤクルト時代ですらも、やや理不尽に怒鳴られたというエピソードを聞くことがあるし、阪神時代には反発する選手がいたことも周知の事実だ。

ただ、選手を怒鳴ってしまったあと、監督は上記のように反省していたのではないか。毎回ではなかったかもしれないが、少なくとも、あとから振り返って反省する姿勢を持とうとしていたのは確かだろう。

合わせてこんな反省も口にしていた。

「人間って厄介なのは、他人の欠点はよく見える。オレはそれをそのまま言っちゃう。グッとこらえなきゃいけない」

このあたりは、部下を持ったり後進を指導したりする立場の社会人に共通して参考になる話だと思う。

いつのことか定かではないが、監督の中で悩み、紆余曲折を経ることで、「叱る」と「怒る」の明確な違いを認識するようになったようだ。いわく、「叱るは愛情、怒るは感情」である。そして、愛情に基づいて行なわれる以上、「叱る」と「ほめる」は同義である、という結論に行きついたようだ。

「叱るのも難しいけど、ほめるのはもっと難しい」

「ほめる」に関しては、監督が終生忘れなかった一言がある。第1章でも紹介した、鶴岡監督の「おまえ、ようなったのう」である。最高のタイミングでたった一言、声をかけるだけで、選手のやる気を最大限に引き出すことができる。人をほめる極意を鶴岡監督から学んだのだ。普段は鶴岡監督のことをあまりよく言わない監督だったが、このエピソードをはじめ、節目節目で鶴岡監督への恩義を感じさせる話が出てくる。

鶴岡監督の影響を受け、監督として自軍の選手をほめることに慎重になったという。

「つまらないことでほめると、こっちのレベルが疑われる。そんなことでほめるのか、と。下手するとお世辞やおべんちゃらになっちゃう。選手にそういう思いを抱かせると、監督として舐められるし、安っぽくなる。監督として年数を重ねるうちに、そういうことはだんだんとわかってきた。叱るのも難しいけど、ほめるのはもっと難しい」

そして、「ほめる」ことについてもこんな結論にたどり着いた。

「ほめるタイミングは考えなきゃいけない。かける言葉も、一言二言でいい。あれこれとあまり多くを語る必要はない」

ただ、そのようなほめ方が効果を発揮するには前提となる条件があると、つけ加えることを忘れなかった。

「選手との間に信頼関係があるかどうか。まずはそこからだ」

監督の深意

ほめるときは多くを語らずに一言だけ

監督のキャリアを決めた、たった2回の賞賛

「無視、賞賛、非難」

「人間は無視、賞賛、非難の3段階で試されている、っていうじゃない？」監督のファンにはお馴染みのセリフである。

「その世界に入って、最初の何者でもない時期は無視される。そうすると、何とか気を引きたい、認めてもらいたい、とがんばる。それで頭角を現すようになると、今度は賞賛されるようになる。まだまだ、と思ってがんばっていると今度はできて当たり前、つまり非難されるようになる。ほめられているうちはまだまだ、二流なんだよ。

非難されるようになれば一流、非難され続ければ超一流だ」

監督は冒頭の言葉をこんなふうに解説していた。その背景には、監督自身の現役時代の体験がある。ご自身も無視、賞賛、非難の3段階で試されていたというのだ。

監督は京都府の峰山高校出身で、南海の入団テストを受けて見事に合格しプロ入りした。1年目はブルペン捕手、俗に言う「カベ」としてすごし、オフにはクビを宣告されるも「南海電車に飛び込んで死にます」と必死に懇願。2年目は二軍ですごした。打力を活かしてファーストにコンバートされたが、送球を磨いて松本勇二軍監督にアピールし、秋季練習では捕手に戻った。松本氏は捕手出身。「生まれて初めて、捕手のやり方を教わった。送球のときの足の運びとか、基礎を教えてもらった。うれしかったよ」と振り返っていた。

この間、鶴岡監督との接点はまったくなかったようだ。少なくとも監督自身はそう記憶している。その他の首脳陣にもほとんど見てもらえなかったようだが、1年目は「カベ」だったからそれも当然だろうし、当時の二軍は二軍監督以外にコーチはほとんどいなかったそうだ。つまり監督は、プロ入り後の2年間はほとんど「無視」されていたことになる。

特に1年目、「おまえらはカベとして雇われたんだよ」という二軍のキャプテンの言葉や、あわやクビという危機も経て、何とかして生き残らなければならないという思いを強くした。2年目にファーストへのコンバートを受け入れたのもその表れである。気を引きたい、認められたい、という思いで努力を重ねていたのだ。

そして迎えた3年目は、前年の優勝のご褒美でハワイキャンプが敢行された。レギュラー捕手、控え捕手に加えて、キャンプ中の「カベ」の役割で監督も同行。幸運だったのは、レギュラーの松井淳《あつし》氏が怪我でプレーできず、二番手の捕手もハワイに浮かれて遊びに夢中になってしまい鶴岡監督の怒りを買ったこと。「もういい！　野村、おまえ行け！」と言われていきなり試合に出ると、ハワイの社会人レベルは当時の監督にはちょうど打ち頃で、気持ちいいほど打撃好調だったらしい。結局、ハワイキャンプのMVPに表彰される。

ちなみに監督はヤクルト時代、古田氏を初めて試合で起用したシーンについて、「他のキャッチャーがどうしようもないから、もういい、古田、おまえ行け、ってやけくそで使ったんだよ」と言っていた。監督自身の現役時代に酷似するエピソードだが、真相はどうだったのか、興味は尽きない。

ハワイキャンプで手応えをつかんだ監督は、帰国して翌朝、真っ先に新聞を見た。鶴岡監督がキャンプの総括をコメントしているはず、と考えたからだ。監督の記憶ではこんなコメントだったらしい。

「ハワイキャンプは大失敗だった。ハワイで選手たちは浮かれてしまった。しかし唯一の収穫は、野村に使えるめどが立ったことだ」

これを見たときの気持ちは「言葉にならない。あの大監督に認めてもらって、こんなうれしいことはない。ますますやる気になった」。

そしてすでに触れた、球場の通路でのすれ違いざまの鶴岡監督の言葉である。「野村、おまえ、ようなったのう」。監督が「今のオレがあるのはあの一言のおかげ」とまで言う、鶴岡監督による最大の「賞賛」だった。頭角を現した監督は、鶴岡監督による「賞賛」に応えてさらに上を目指したのである。

監督が記憶する鶴岡監督による「賞賛」はこの2回だけ。そもそも鶴岡監督は自チームの選手をほとんどほめることがなく、他チームの選手を例に挙げては「あれがプロだ」と賞賛していたらしい。鶴岡監督がどこまで意図的だったのかはわからないが、大げさでなく、このたった2回の賞賛は監督のキャリアを決めたと言ってもいい。自チームの選手への評価をマスコミにしゃべって奮起を促す手法や、ほめるときはタイミングを見計らって一言だけという信念は、間違いなく鶴岡監督の影響を受けてのものだ。

「非難」され続ければ超一流

監督はプロ入り4年目となる1957年、初の本塁打王に輝く。以降の大活躍は言うまでもないが、それはずっと「非難」の連続の日々だったらしい。「おまえは安もんのピッチャーはよう打つけど、一流は打てんなぁ」と言われて稲尾氏を研究し、攻略につなげた。トレードやドラフトで次々と捕手を獲得してきたことも、一種の「非難」だった。「でも全員、オレに殺されたけど」と言って監督はニヤリと笑う。

打てば何も言われないが、凡打してベンチに帰ると「非難」される。活躍を続けてキャプテンも務めるようになると次期監督という声も上がり、鶴岡監督による「非難」

はますます厳しくなったそうだ。

振り返ってみると、プロ入りして最初の2年間は「無視」、次の2年間でわずかばかりの「賞賛」があった。以後の23年間はずっと「非難」の段階だった。監督がさまざまな面で野球に創意工夫を施し、野村野球が攻撃においても守備においても構築されていったのは、当然この23年間のほうである。「非難」され続ければ超一流とは、まさに監督自身のことだったのかもしれない。また、鶴岡監督の「非難」がなければ、野村野球はここまで洗練されたのだろうか。そして監督の薫陶《くんとう》を受けた現代の指導者たちは、存在し得たのだろうか。

既に述べたが、一般的に世に出ている監督による鶴岡監督評は、芳しくないものが多い。しかし私は長年監督のおそばにいた関係で、以下のような正直なお気持ちも聞く機会に恵まれた。

「使って育ててくれたことは感謝している。なんでオレを使い続けてくれたのかわからないが、素質は見抜いていたんだろう。どこが大監督だと思っていたが、使い続けてくれたから今日がある。足を向けて寝られない」
「うちの母親は鶴岡監督が大嫌い。あんな横柄な男、謙虚さのかけらもない、とよく言っていた。オレにとっては恩人だよ、と諭したんだけど、聞く耳持たなかったな」
「レギュラー1年目（プロ入り3年目）は開幕から26打席ノーヒット。初安打は近鉄の辻中《つじなか》（貞年《さだとし》氏）から。二軍でしょっちゅう対戦していたからうれしくもなんともなかった。でも鶴岡監督は、よく我慢して使ってくれた。素質を見抜いていたのか。そこが大監督と言われるゆえんか」

さて、私は自分では監督を師と仰いでいたが、監督は私のことを教え子とは思っていなかっただろう。野球の監督と選手という間柄ではなかったからだ。したがって、監督は私のことを育成しようとは思っていなかったはずなのだが、それでも振り返ればやはり「無視、賞賛、非難」の3段階で試されていたという実感がある。

最初は「無視」というか、必要とされていなかった。「個人事務所のマネージャーとして今後同行させていただきます、よろしくお願いします」と伝えると即座に、「一人で大丈夫だよ。必要ない」と言われた。ただ、事務所内や沙知代夫人と相談しても、年齢も年齢だし心配だから同行するように、と言われる。他方で当の本人は、私などいないかのように行動される。これはまさに「無視」の段階だった。

何度か同行しているうちに、「必要ない」とは言われなくなった。しかし依然として「マネージャーが奥さんだから、人遣いが荒い」などとメディアには語っていた。目の前の私はどういう立場なのだろう、と思わずにいられなかったが、それでも監督の仕事に同行し続けた。

そのうちに私もマネージャーとして必要なものを用意するようになり、色紙にサインするための筆ペンやボールにサインするための油性ペンを持ち歩くようになって、実際必要な場面で「私、持っています」と提供することが増えた。いつの間にか、サイン用の色紙の枚数が多いときなどは「じゃあ、このマネージャーに預けておいて」などと言ってくれるようになった。初めて言われたときはうれしかったというより驚いたのが先だった。そのせいか、何年目に言われたのか、はっきりとは覚えていない。この頃のことを勝手に「賞賛」だと解釈している。

監督の著書は200近くあるはずだが、マネージャーになったばかりの頃はまだそれほど多くなかった。しかし年を追うごとにどんどんと増えていった。出版社の方々が口々に言うのは、出版不況の中、野村監督の著書は人気があり売れるんです、計算できるんです、とのこと。沙知代夫人の他、古くからつき合いのある芸能事務所など窓口が複数あったため、1週間のうちに2冊発売される、などの事態も生じ、さすがに交通整理が必要になった。あるときから横の連絡を強化して情報を共有するようになり、多くても1か月に1冊というペースを守った。それでも依頼が数多く、一時は2年後まで出版スケジュールが埋まっている、ということもあった。

これだけ多くの本を、監督がお一人で対応できるはずはなかった。以前は原稿に赤ペンで修正を入れていた監督だったが、80歳前後になると出版社がまとめた原稿をチェックすることも難しくなっていた。あるとき思い切って監督に申し出た。「監督、もしよろしければ、私に原稿のチェックをさせていただけませんでしょうか?」「ああ、そうしてもらえると助かるな」今思えば最大級の「賞賛」だったと思う。ただしそれは二人きりの、非公開の「賞賛」だった。

原稿のチェックについては出版社側にも了解を取っていた。あるとき担当者が「では原稿は小島さんに確認してもらいますね」と監督に言うと「おまえで大丈夫か」と監督。その後、どの出版社の担当者と話しても同様に「おまえで大丈夫か」が続いた。

私が手がけた監督の著書は50冊ほどだと思うが、人前では最初から最後まで「おまえで大丈夫か」ばかりだった。そう、「非難」の時期は一番長く続いたのである。

もっとも、その中でなぜかはわからないが一度だけ「まあ、おまえなら大丈夫やろ」と担当者の前でおっしゃってくれたことがあった。どういう風の吹きまわしなのか、意図してなのか無意識なのか。今でも監督の深意を測りかねているのだが、「この辺で一度、賞賛してやろう」とでも思われたのだろうか。ちなみにその次の本ではまた「おまえで大丈夫か」に戻り、その後二度と「大丈夫やろ」はなかった。

確実に言えるのは、この「おまえなら大丈夫やろ」は一度きりだっただけに、本当にうれしかった。いまだにその時の監督の表情も思い出せるくらい鮮明に覚えている。

監督の深意

非難の時間は長いほど評価は高い

三人の友を持て

三通りの役割をしてくれる友を持て

「人間、三人の友を持て、って言うじゃない。三人とは、直言してくれる人、原理原則を教えてくれる人、師と仰ぐ人。オレの場合はどうかなって思うんだけど、友だちいないからさ。まあ直言はサッチーで文句なし。師と仰いだのは、草柳大蔵さん。原理原則を教えてくれていたのも草柳さんかな」

ということは監督の場合は二人の友なのではないかとツッコミも入りそうだが、大事なのは三人という人数ではなく、上記の「三通りの役割をしてくれる友を持て」という点なのだろう。沙知代夫人と同様、草柳大蔵氏についても私が説明するまでもないと思う。一言で言えば、日本を代表する評論家であり、作家として多くの著書を遺しているマスコミ業界の重鎮だ。

監督は阪神時代、久万オーナーにこの「三人の友」の話をしたのだという。

「オーナー、人間は三人の友を持てというじゃないですか。失礼ですがオーナーには、直言してくれる人はいないんじゃないですか」

こう指摘し、当時の阪神球団の問題点を説いて改革を迫った。すでに述べたように、編成部改革を訴え、エースと四番は育てられないと訴えたあの面談でのことである。この話はある程度一般にも知られていて、特に阪神ファンの間では有名な話だろう。

しかし、監督と草柳大蔵氏の関係はそれほど知られていないのではないか。

監督にとっての人生の師の存在とは

監督と草柳氏が出会ったきっかけは、現役を引退して解説者になった頃に、講演の依頼が入ったこと。それまでやったことのない仕事であり、どのように取り組んだらわからず悩んでいたという。それを見て沙知代夫人が、「それならいい人がいるわよ！」と言って紹介してくれたのが草柳氏。沙知代夫人の友人が草柳氏の知り合い、という縁だった。

講演なんてやったことないし、何を話したらいいかわからない、と悩む監督に対し、草柳氏のアドバイスはこうだった。

「あなたにはテスト生から監督にまでなった素晴らしい経験がある。それをそのまま話せばよいのです。野球の話をすれば、聞く人は自分の立場に置き換えて解釈してくれます」

こう言われてかなり気が楽になったという監督。ホッとしたのもつかの間、「ただし」という草柳氏の言葉に再び「何だろう」と身構えると、「野球以外の話は、決してしてはいけません。講演は誰が聴いているかわからない。つけ焼き刃の知識は、ボロが出ます」。

これはいいアドバイスを聞いた、と思って喜び準備した初めての講演会は、予定の60分に遠く及ばず30分も持たなかったそうだ。仕方なく「こんな私でよければ、ご質問があれば答えさせていただきます」と言って質疑応答で帳尻を合わせたらしい。

しかし、バブル経済の最中の講演ブームで監督は大人気。ダブルヘッダーは当たり前、時には1日3回行なうこともあったという回数をこなす中で、監督は「講演は苦手だ」という自身の言葉とは裏腹にいつしか講演の名手となった。私がマネージャーを務めていた2010年代は、90分の設定時間を毎回オーバーし、司会者が止めなければ終わらないのが通例になっていた。

師のアドバイスを忠実に守った

私自身も監督の講演を50回程度は聞いているはずだが、監督は確かに野球以外の話をしなかった。例外は沙知代夫人の話と、少年時代の話くらいか。つまり、つけ焼き刃の話は一切しなかったのだ。

草柳氏のアドバイスを聞いたのが1980年頃だと思われるので、それ以来約40年にわたって、監督は氏のアドバイスを忠実に守っていたのだと思う。それほどの長期にわたって有効になるアドバイスを送った草柳氏も偉大な師だが、それをしっかり守った監督も素晴らしい弟子だった。

監督は初めて草柳氏の書斎に案内されたとき、おびただしい数の蔵書に圧倒されたという。四方の壁のすべてが、床から天井まで本でぎっしりだったそうだ。思わず「これ全部読んだんですか？」と尋ねると「当たり前でしょ」との返答。「あれは失礼なことを聞いちゃったなぁ」。と笑いながら反省していたが、そんな草柳氏を見習い、氏のアドバイスで多くの本を読んだことで、監督はあれほどまでの知将になったのだろう。

「あの人が亡くなってから不便で仕方がない。聞けばなんでも答えてくれた。まさに知の巨人」

こう寂しそうに語っていた監督。草柳氏が亡くなったことで、原理原則を教えてくれる人と師と仰ぐ人の両方を失うことになったのだ。「サッチーだけで手一杯だよ」とも言い、新たな「師」を探すことはしなかったが、それも当然。草柳氏以上の「師」は見つかるはずもなかった。

取材などで草柳氏の話が出ると、必ずと言っていいほど監督は私をいじった。

「普通、頭のいい人は字が汚いけど、草柳さんはまさに達筆、字がめちゃくちゃきれいだった。こいつはダメ、字が汚い。おまえ同じ大学だろう。何とかならないのか」と笑う監督に、「監督、同じ大学でもピンからキリまでおります。草柳先生はピンの中のピン、私はキリの中のキリです」とささやかな抵抗をするのが常だった。

監督には決して認めていただけないだろうが、言うまでもなく、私の師は監督である。監督が亡くなってから、私も監督のお気持ちがわかるようになった。もちろん、監督以上の「師」は見つからない。

監督の深意

つけ焼き刃の知識はボロが出る

財を遺すは下、仕事を遺すは中、人を遺すは上

なぜ、監督の教え子は育つのか？

この本のタイトルのもとになった言葉である。これは監督が考えた言葉ではなく、明治から昭和初期にかけて活躍した政治家、後藤新平《しんぺい》氏の名言だ。

晩年、取材などで「監督の教え子の多くが指導者として活躍している」という話題になると、監督はたいていこの言葉を引用していた。ただし、自信満々に「オレは人を遺した」などと言うことは決してなかった。むしろ「いろんな球団で、長いこと監督やったから、それだけだよ」などと控えめだったのが印象に残っている。

あるとき、「我々経営者は会社にいかに富をもたらすか、財産を遺すかを目標に日々がんばっている。それを、財を遺すは下、とは何事か！」と叱られたことがあるという。残念ながら、その方には監督や後藤新平氏の深意は伝わらなかったのだろう。しかし現在ではこの言葉は、後藤氏の名言として、そして監督が折に触れ引用していた言葉として、世間の多くの人々に受け入れられているのではないか。

監督はよく「最近はいい監督がいない。後継者が育っていない。これは我々の責任でもある」と自分を責めるようにボヤくことがあった。楽天を退任した２０１０年代前半のことである。

その頃は監督の教え子で指導者になっているＯＢは、今ほど多くなかった。実際に監督が誰かを後継者として意識したとか、監督としての手ほどきをした、などというエピソードは、確かに聞いたことがない。唯一の例外はヤクルト時代、球団の幹部が若松勉《つとむ》氏を次期監督に考えていると監督に伝えたことがあったという。ただそのときでも、監督は「常にオレの近くにいろ」と言うだけで特段の指導はしなかったと語っていた。

しかし、そのような監督の姿勢とは裏腹に、現在では監督の教え子と言われるOBたちが、多くの球団で監督やコーチになっている。2022年シーズンで言えば、12球団中5球団で教え子が監督を務めていた。その他にも監督を経験したOBも多くいるし、吉井理人氏のようにコーチとして名伯楽と呼ばれ、2022年オフからロッテ一軍監督に就任が決定したような方もいれば、稲葉《いなば》篤紀《あつのり》氏のように日本代表の監督を務め、球団GMにまでなった方もいる。これはなぜなのか。

言葉で伝え続けた「指導者の在り方」

思うに、選手として監督のもとでプレーした人々は、監督のミーティングでの指導や実際の采配に感化され、「指導者とはこうあるべき」という像をつかむことができるのではないか。

監督自身も、南海時代に鶴岡監督から指導者の手ほどきを受けたわけではない。鶴岡野球を精神野球で勉強にならなかったと言いながらも、「間違いなく影響は受けた。『この、バカもんが！』なんて言ってる自分にハッとする。紛れもない鶴岡弁」と語り、知らず知らずのうちに影響を受けていたことを認識していた。
監督の場合は特に、ミーティングをはじめ「言葉」で選手を指導し、選手とのコミュニケーションの機会が多いという特徴がある。教え子の側でも無意識のうちに監督の影響を大きく受けている部分があるのだろう。

さらに言えば、監督自身が語っていた「野村野球はプロセス野球」であることも、後継者の育成に貢献したのではないか。
プロセス野球とはすなわち、「仮説→実行→分析→仮説→実行」という「トライ&エラー」のサイクルを日々実践することに他ならない。言い換えれば、野村野球はたまたまの成功をヨシとしない野球である。プロセス野球を実践することで、選手たちは一つひとつのプレーから着実に学ぶことができ、それが蓄積されて野球人として成長していく。監督の教え子に優れた指導者が多いのは、こうした監督の方針も影響していると考えられる。

監督は高級住宅地に大きな家を構えるなど、財を遺した。教え子の多くが今も大事にしているノートをはじめ、150冊以上の著書で野球界以外にも影響を与えるなど、仕事も遺した。しかし最大の功績は、野球界に綺羅星《きらぼし》のごとく輝く無数の人材を遺したことだろう。存命中はもちろん、死してなお野球界の発展に寄与し続けている。

監督の深意

ラッキーをヨシとしない「プロセス野球」が人を育てる

番外編

メディアに出なかった素顔――常に謙虚な姿勢

監督と「お茶菓子」

楽天を退任したあとの監督は毎日のように取材や出演、講演などがあり多忙を極めていた。メディアにしても講演の主催者にしても、監督へのお土産や控室でのお茶菓子を用意してくれることがほとんどで、事前に何を用意したらよいか打合せをすることも多かった。こうした打合せは監督に限らないだろう。

私が監督のマネージャーになりはじめた頃は、監督の好物がきんつばだと巷間言われており、取材や出演の手土産にきんつばを持ってきてくださる方が多かった。しかしよくよく聞いてみると、ご本人は粒あんのあんこを用いた和菓子なら大抵のものは好きだという。出演や講演などで事前に「手土産は何がよろしいでしょうか」と尋ねられることが多く、中には「やっぱりきんつばですか」などと質問する方もいたが、「粒あんの和菓子なら何でも大丈夫です」と答えるようにしていた。

飲み物は決まってコーヒー。夏はアイス、冬はホットなので、春秋の時期はどちらも用意していただくようお願いしていた。それまで私は和菓子にはお茶だと思っていたのだが、監督の真似をしてみるとこれがよく合う。今では私もすっかり和菓子とコーヒーで休憩する習慣が身についた。

監督は取材でもテレビの出演でもまず椅子に座って、こうした和菓子とコーヒーを飲食しながら、雑談から会話がはじまる。あるとき、テレビのインタビューの収録の際、テレビ局の方が和菓子に加え、いわゆる揚げせんべいを用意してくれていた。スーパーなどでもよく見るせんべいである。さり気なく置かれていて自然な流れでこのせんべいを食べた監督はいたく気に入り、止まらなくなってしまった。まさに「やめられない、止まらない」という様子で5枚ほどいっぺんに食べただろうか。その様子を見てディレクターさんが帰りに「残りもどうぞ」と大袋ごと監督にわたしていた。

この様子を見て私も、以後の案件で事前に用意するものを尋ねられると、和菓子に加えてこのせんべいに言及するようにしていた。和菓子はいろいろなものがあるし同じものが続くということはまずなかったが、せんべいは銘柄指定なので取材や出演のたびに同じものが用意されることになった。しかしそれでも監督は毎回、おいしそうに召し上がっていた。ただ、実はこのせんべいがやや曲者だった。

上記の通り、監督はお菓子をつまみながら雑談から会話をはじめるのだが、「今日は何の取材？」などと言い、流れでいきなり本題に入ってしまうこともある。結果として食べながら取材がはじまることも多く、活字媒体の取材はそれでも問題ない一方、映像メディアの収録の場合は困ったことになる。お菓子を食べながら話をしている映像はさすがに放送に使えないし、そもそも和菓子と違ってせんべいはかなり音が出るため、音声もほとんど絶望的。食べ終わってからあらためて同じことを聞いても、最初に雑談からの流れで話した内容のほうが面白かったりする。それでも取材や出演そのものが成り立たないというほどのダメージになることはなかったが、できればよりよい内容にしたいという思いはメディア側も私も同じだったので、ちょっとした悩みのタネではあった。

もちろん監督に対して、「せんべいを置いてください」などと言える人はメディアの側に誰もいない。私が優秀な敏腕マネージャーであれば何かしらの方法でせんべいを食べることを止められたのかもしれないが、おいしそうに頬張っている監督を止めるのはどうにも忍びなかった。せんべいを用意してもらわない、ということも考えられたが、もはや監督の好物になっている以上やはりその選択肢も取ることができなかった。結局、有効な対策は最後まで見つからなかった。

それにしても、毎日高級なレストランばかりで食事をされていた晩年の監督が、最後は庶民的なせんべいを好んでいたというのは、なんとも監督らしいなあと思う。

監督と「かわいらしさ」

年配の野球ファンであれば、ヤクルト時代のキャンプ中に監督が躍っている姿を見た記憶があるのではないか。当時はもちろん、後年になってもテレビでその映像が繰り返し流された。当時は私も学生で監督との接点はなかったが、ＩＤ野球というデータ重視の、ややもすれば無機質とも思える野球を標榜していた監督にしては、ずいぶんとかわいらしいところがあるんだな、と意外に思っていた。

それから十数年が経ち、縁あって監督のマネージャーをさせていただくことになるのだが、最初は緊張感もあって監督のかわいらしい側面をすっかり忘れていた。しかし年数が経ってくると徐々に、監督の意外な一面に気がつくことも増えていった。

監督が取材や講演などで南海での現役時代を語るとき、必ずと言っていいほど触れるのが、鶴岡監督とのやりとりである。監督がまだ若かりし頃、西鉄との試合のピンチの場面で強打者・中西太《ふとし》氏を迎えた。直球を要求し痛打されると、ベンチに帰るや鶴岡監督から「何投げさせたんや！」との声。「真っすぐです」「バカたれ！」というやりとりがあり、監督は「あのようなピンチで強打者に真っすぐはダメなんだな」と肝に銘じた。

数日後の西鉄戦でまたしても同じような場面で中西氏。今度は直球を見せ球にしカーブで勝負したがうまく打たれてしまった。さすが太さん、と感心しながらベンチに帰ると再び鶴岡監督から「何投げさせたんや！」。今回は監督も胸を張って「カーブです！」と答えるが、やはり「バカたれ！」。

ということは何が正解なのだろうか。疑問に思った監督はどうしても質問せずにいられなかった。

「あの、すみません」と話しかけると「なんや！」と鶴岡監督。「うわぁ、こわいなぁ」と思ったがここで聞かねば一生後悔すると意を決し、「ああいう場面で強打者に対して、何で勝負したらいいのでしょうか？」と質問。もうここまで言えばあとは聞くだけだと思い耳に神経を集中させたが、返ってきたのは「何ぃ。勉強せい！」の一言。この一連のやりとりを紹介したあと、「まあ、勉強したわな」というオチがつく。

この話を講演などで披露する際、「うわぁ、こわいなぁ」というセリフを言うときの監督が、本当にこわそうなのである。講演を聴いたことがある人なら、同じ感想を抱いているかもしれない。心からこわそうな表情をしながら子どものように「こわいなぁ」と言う監督は、失礼ながらとてもかわいらしかった。

次は監督が70代の頃の話。仕事のため泊りがけで大阪に行く機会があった。この頃はまだ監督と一緒に食事をさせていただくことはほとんどなく、泊まった次の日のブランチに誘われたときは私もかなり緊張していた。できるだけ失礼のないように、と思っていると、監督が突然、「マンゴーかパパイヤがほしいな」と言い出した。メニューには当然ないのだが、私も必死だったので「聞いてみます!」と言ってウェイトレスを呼んだ。

呼んだはいいものの、どのようにお願いするべきか、高圧的になってもいけないし低姿勢になりすぎたらそもそも対応してくれないかもしれないし、と思案していると、私より早く監督がウェイトレスに話しかけた。「マンゴーかパパイヤない?」と単刀直入である。最初は当惑の表情をしていたウェイトレスがメニューにある別の果物をすすめるのだが、「うーん、果物ではマンゴーが好き」と監督も折れない。会話をしているうちに相手も監督のことを認識したようで、「ちょっと聞いてきますね」と言うとすぐに戻ってきて「ご用意します」と言ってくれた。

このときの監督の「マンゴーが好き」というセリフは本当に屈託がなく、やはりとてもかわいらしかった。監督から茶目っ気たっぷりに言われて、ウェイトレスも無理を通す気になってくれたようだ。

監督はおそらく、ご自身のかわいらしさを意識したことはなかったと思う。しかし球界随一の頭脳派である監督が不意に見せるかわいらしさは、威力抜群だった。

監督と「やせ我慢」

いつものように監督の取材があったある日、監督が風邪をひいていた。私が担当していなかった仕事で屋外での撮影があって、防寒着を着ないまま我慢してしまったのだという。時期は3月頃だった。

「上着をお持ちしましょうか、って言ってくれてたんだけど、大丈夫ってついやせ我慢しちゃった」と監督。ご自身は生まれつき健康で体も強いと思っておられるのだが、年齢も年齢だけに我々まわりの者が気をつけなければと、このときあらためて気を引き締めた。

ところが話は簡単ではない。

70代後半になって長い距離を歩くことが難しくなっていたある日、飛行機で地方に行く仕事があった。事前に航空会社に問い合わせると、空港内での移動については高齢者用に車椅子やカートの用意があると案内された。万全を期すべく用意をお願いしたのだが、当日空港で監督に確認すると「大丈夫だよ、歩く」とのお返事。そう、監督のやせ我慢だ。後述するように、航空会社を指定することで広い羽田空港でも歩く距離をできるだけ短くしていたが、それでもある程度の距離がある場合もある。しかしこの頃の監督はまだ、人前では決して車椅子やカートに乗ろうとしなかった。一般の人にそうした姿を見せたくなかったのだろう。

80歳をすぎてからも監督のやせ我慢は続いた。

この頃、監督は解説や新聞の仕事などで試合を観る場合、東京ドームに行くことがほとんどだった。東京ドームはエレベーターがあるし冷暖房も完備なので、体調面に与える影響が小さいと判断してのことである。

ところがある日、久しぶりに神宮球場でのラジオ解説の依頼が入った。神宮球場は解説ブースが2階席に上がる途中あたりにあり、エレベーターはなく階段を上がる他ない。最初はお断りするしかないと思っていたが、ラジオ局の担当者もそこは考えていて、なんと車椅子で階段を昇降する機器を用意しているという。「駅の階段などで自販機の飲料を運ぶキャタピラ式の機械ありますよね？　あれに座席をつけた感じです」との説明でようやくイメージをつかめた。監督にご説明するとあっさり了解してくださったので、久しぶりに神宮球場での解説が実現することになった。

この日、私は別の仕事でどうしても遅れることになり、監督の球場入りのお供は事務所の後輩にお願いした。神宮球場についてすぐに後輩に聞くと、監督は歩いて階段を上ったという。まわりは車椅子をすすめたのだが、ハーハー言いながらも最後まで上ったというのだ。思えば神宮球場の階段は一般のお客さんも通る。ここでも監督はやせ我慢をしていたのだろう。

監督のやせ我慢は続いた。試合が終わって地上に降りる際、車椅子をすすめたがやはり歩くというのだ。下りは危険だと思いあらためてお願いしたが、「大丈夫だよ。

おまえちょっと肩貸せ」と監督。ゆっくりではあったが、私の肩につかまりながら最後まで自力で降りてしまった。ラジオ局がせっかく用意してくれたキャタピラの秘密兵器は、その能力を発揮することなく終わってしまった。レンタル料も安くはないだろう。そのことをお詫びしたのだが、「いやぁ、監督がお元気でよかったですよ」と言ってくれたのはありがたかった。

このあとしばらくすると監督は、平らなところを歩くときでも私に「肩貸せ」とおっしゃるようになり、足腰はだんだんと弱っていった。そして、最晩年は車椅子に乗る姿も隠さなくなった。これだけやせ我慢をしながら弱った姿を見せまいとしてきた監督だけに、忸怩《じくじ》たる思いもあっただろう。人前で車椅子に乗ることをいとわなくなったとき、監督の足腰はいよいよ限界に近づいていたのだと思う。しかしそれでも頭と口をフル回転させて仕事をこなし、世間のニーズに応えようとしていた。

「頭と口が動けば、車椅子に乗っていても監督はできる」と監督は真顔でおっしゃっていた。亡くなる直前、ヤクルトの高津監督に「私をヘッドコーチにどうか」と売り込んでいたが、監督ご自身は本気だったはずだ。

監督と「気遣い」

監督のもとでプレーした選手やＯＢの多くが、「野村監督は優しい」とか「野村監督は人情に厚い」という感想を残している。一般のファンの方々はやや意外に思うかもしれない。失礼ながらいわゆるコワモテと言ってもいい顔立ちで、感情の入る余地のなさそうな「ＩＤ野球」を標榜していたこともあり、厳格で厳しい監督、という世間的なイメージがあるかと思う。ただ、実際におそばで拝見していた監督は、本当に優しい方だった。

私も当然、初対面の頃は監督が厳しい方だと思っていた。

あるときどうしても野村家の車に同乗させていただく必要が生じ、そのときは人数の関係で、なんと監督と沙知代夫人の間に私が座るという、とんでもない状況になったことがある。まだ監督にお会いするのが2度目くらいの頃だったか。車はいわゆるセダンなので、後部座席は3名座れるとはいえ、足元には段差があった。緊張していた私はお二人に足がぶつかることを恐れ、両足を段の上に乗せていた。監督も夫人も「いいから降ろしなさい」とおっしゃるのだが、私は「大丈夫です」と頑なに断っていた。しばらくしたら監督が「いいから降ろせよ」と言い、私の右太ももをつかんで、右足を下ろさせてくださった。これには私もびっくりして、「すみません、ありがとうございます」と言うのが精いっぱいだった。

監督は遅い時間の仕事を好んでいたので、終了後は深夜になることも少なくなかった。取材や出演が終了したあと、私は監督のお車に乗せていただくことも多かった。私の自宅が監督のご自宅と近かったこともある。最初の頃は監督のご自宅まで同乗し、ご帰宅を見届けてから徒歩で駅に向かっていた。

しかしあるとき、監督が運転手さんに「小島を先に駅に降ろしてやって」とおっしゃった。驚いて断ったのだが、「そのほうが早く帰れるやろ。早く帰ってやれ」と監督。私だけでなく、私の家族のことまで気遣ってくださっていたのだ。図々しい話だが、これ以後、私は監督よりも先に駅で降ろしていただき、監督のお車を見送るようになった。

取材や出演などでは、監督に手土産がわたされることがある。複数ある場合は、必ずと言っていいほど私にも少し持って帰るよう促してくださった。監督の決まり文句は「家族に持って帰って」。私だけではなく、運転手さんにわたすこともあったようだ。そのおかげで、普段は口にすることがないようなおいしいものを何度いただいただろう。

監督は若い頃から気遣いの人だったようだ。晩年のある取材で、どうしても大阪に行かなければならなくなった。2015年に体調を崩されたあとのことで、首都圏以外でのお仕事のほとんどをお断りしていた頃のことである。宿泊は、阪神時代から定宿にしていた老舗のホテル。チェックインを済ませると比較的年配のポーターの方がさりげなく近寄り、監督のカバンを持ってくれた。エレベーターを待つ間、このポーターの方が突然、「実は私、ここのポーターになって2日目に監督の荷物を運んだことがあるんです」と言い、監督も驚いた表情で「へぇ」と返した。

エレベーターの中で話は続いた。

「監督はその頃すでに南海の大スターでした。緊張していた私に『あなた、新人か?』と話しかけてくださいました。『はい、2日目です!』とお答えすると、『そうか、ルーキーか。がんばれよ』とおっしゃってくださいました。そのお言葉に感動し、今日までこの仕事を続けて参りました」

長い歴史を感じる、すごい話だなぁと思っていたら、監督がぶっきらぼうに、「そんなこととあったの」とおっしゃった。しかしすぐに監督のお顔を見ると、言葉とは裏腹に何とも言えない優しい表情をされていた。

監督は、外部の方にも優しかった。私がマネージャーになって間もない頃のある取材で、カメラマンの方がひげを生やしていた。監督がひげ、長髪、茶髪を心底嫌っていたのは有名な話。率いたチームではこの3つを必ず禁止にしていた。それだけに私も監督がどう反応されるのか、心配しながら取材を見守ることになった。

インタビューも終わっていよいよ本格的な撮影に入っても、監督は言われるがままにポーズを取ったり、腕を組んだりしていたが、ひげには触れない。そうすると逆にカメラマンの方が耐えられなくなったのだろう。「すみません、私はひげを生やしていて……」と突然言い出した。ハッと思って監督のほうを見ると笑っている。そしてこう答えた。

「あなたたちはいいんだよ。ひげ禁止はオレの領域での話。あなたたちは自由」

実は私も、監督のマネージャーでありながら、時に流行に乗ってひげを伸ばすことがあった。監督のお仕事があるときは剃って行く、という姑息なことをしていたのである。

あるとき、監督のお仕事があるのにひげを剃るのを忘れてしまった。仕方なくそのまま監督にお会いしたのだが、監督に「なんやおまえ。それ、どうしたんや」と不機嫌そうに指摘されてしまった。とにかく謝るしかなく、これからは忘れずに剃ろうと強く決意したことを覚えている。その一方でうれしい気持ちもあった。私は監督が率いる球団に所属しているわけではなく、あくまで監督の個人事務所のマネージャーである。そんな私でも、監督の「領域」に入れていただいているのだと思うと、うれしかったのである。

ちなみに監督が亡くなってからは、自然と毎日剃るようになった。

監督と「仕事の時間」

一般的に、人間は年を取ると朝早く起きるようになると言われているが、監督は最後まで早起きとは無縁だったようだ。「ナイターで仕事する生活が染みついているから、オレは夜も遅いし、朝も遅い」が口癖。

番外編

メディアに出なかった素顔
——常に謙虚な姿勢

現役選手の頃はナイター終了後、夜の街に繰り出したとしても必ず捕手としての反省野球、すなわち当日の試合の振り返りを行ない、さらに素振りをしなければ寝つけなかったという。就寝時間が午前3時や4時になるのは当たり前で、起床時間は昼の12時頃だったらしい。そのような生活リズムは引退後の解説者時代も続き、ヤクルト以後の監督時代も続いた。楽天退任後は70代半ばに差しかかっていたが、変わらなかった。

このため、監督のスケジュールを埋められる時間帯は限られていた。夕方の5～6時開始の仕事であれば平常運転。取材者側にどうしてもと言われれば午後4時スタート、がんばって午後3時。むしろ夜に行なわれる試合の解説は監督が得意な時間帯であり、深夜スタートのテレビのスポーツニュースもまったく苦にしなかった。

反対に、午前中の仕事はほぼすべてNG。地方での講演などで午前中になるケースはあったが、必ず事前に監督にお話をし、ご理解いただいた上で、前泊して睡眠時間を確保するなどしていた。

ただ、監督のそのような生活サイクルを理解したのは、私が監督のマネージャーになり何年も経ってからのこと。最初はそれがわからず、監督ご自身やメディアの方々にいろいろとご迷惑をおかけした。
以下の事件が起きたのは、私が監督のマネージャー業務に慣れてきたと感じていた1~2年目の頃だったと記憶している。慣れたと感じた頃が一番危ない、とはよく言ったものだ。

2010年代前半までは沙知代夫人もとてもお元気で、監督のスケジュールを最終的に管理していたのは夫人だった。私はメディアから監督の出演依頼を受けると、沙知代夫人に出演申請書をファックスする。その後お電話し、スケジュールが空いているかどうか、出演の趣旨は問題ないか、確認する。沙知代夫人のOKが出れば、メディアに折り返しの連絡を入れて予定を確定させる。これが監督の出演案件を確定させる通常の手続きだった。

あるとき、ラジオ番組の出演依頼が入った。ラジオ出演の依頼は試合の解説以外では珍しかった。収録番組なのだが、開始時間が午前11時となっていた点が気になった。いつもの手順で夫人にファックスと電話を入れると、問題ないとおっしゃる。私も「午前11時からですが本当に大丈夫でしょうか」と念を押して尋ねたのだが、大丈夫とのこと。こうなると私としても、夫人にお任せするしかないと考えてしまった。

そして迎えた当日。私はラジオ局の玄関で監督の到着をお待ちしたのだが、車から降りる時点で監督の表情は怒りに満ちていた。「これはまずいぞ」と思ったのもつかの間、「なんでこんな時間に仕事を入れたんや！」とまず一喝。その後、スタジオの控室に入ってソファに座っても怒りは収まらない。「こっちは寝てないんだよ！」と怒鳴っている。聞けば前夜はいつものように明け方に就寝し、今日の仕事に合わせてたたき起こされたのだという。おそらく4時間ほどしか寝ていなかったのではないか。

その後も監督の怒りは続く。矛先はもちろん私だ。

「だからいつもオレに確認しろと言ってるだろう！　やるのは奥さんじゃない、オレなんだよ、このバカ！」

おっしゃる通り、ごもっともである。ただ一つ言い訳をさせていただくと、実は沙知代夫人からは常々、「主人には連絡しなくていいのよ。忙しいんだから。私とやりとりすればそれでいいから」と言われていた。それで夫人にお任せしていたのだが、やはりこのときのようにイレギュラーな時間の仕事の場合は、監督にも確認をしておくべきだっただろう。夫人にお任せ、と言えば聞こえはいいが要は丸投げ。マネージャーとして怠慢だったと認めざるを得ない。

その後、ラジオ局の方々が何とか番組の説明をしようとするのだが、取りつく島もなかった。一番青ざめていたのが、事前に私とやりとりをしていた担当ディレクターである。コーヒーとお菓子を監督の目の前のテーブルに置いたあと、私の隣に来て耳打ちした。「大丈夫ですかね？　今日は収録できますかね？」と心配そうに監督を見つめている。

ただ私は、それでも最後は監督が仕事をしてくださると思っていた。本当に頭に来て仕事をしないのであれば、そもそも来てすらくれないはず、と考えていたからだ。そこでこう答えた。「大丈夫だと思います。最後は必ず仕事をしてくれると思いますよ」。もちろん確証はなかったし、監督が本当に仕事をしてくれなかったら何かしらの責任は取るつもりでいた。ちなみに実際、その後15年間マネージャーを務めた中で、監督が現場に来た上で仕事をしないということは一度もなかった。

監督が控室に入って1時間ほどたっただろうか。怒りの言葉を言い尽くしたのか、徐々にいつもの口調に戻っていき、ついに「じゃあ、やろうか」とおっしゃってくれた。収録中の監督のトークはいつもと変わらず、さっきまで激怒していたのが嘘のようだった。監督のプロフェッショナリズムをあらためて感じずにはいられなかった。

この事件以降、午前中はもちろん、午後3～4時スタートの仕事でも、私は必ず監督に事前連絡をし、前日にも連絡をするようになった。振り返ってみれば、沙知代夫人には何度も何十回も怒鳴られたが、監督に怒鳴られたのはこのときだけだった。

監督と「乗り物」

2009年限りで楽天の監督を退任してから2015年に大きな手術をされて療養するまで、解説者としての監督は多忙を極めた。試合の解説はもちろんのこと、テレビ出演、新聞・雑誌の取材、CM出演、講演、出版など、依頼はひっきりなし。たいていのことは東京都内や近郊で済むのだが、遠出を強いられるのが講演だった。

監督が若手の頃は新幹線はまだなく、かつてのパ・リーグではほとんどが電車での遠征ということもあってか、監督は鉄道での遠出は長時間でも苦にしなかった。講演の依頼は全国津々浦々からあり、新幹線だけで行ける場所ばかりではない。在来線の特急を乗り継いで行かなければならないことも少なからずあったが、監督が疲れを見せる様子はなかった。

新幹線では、監督は当然グリーン車だが、私は普通車に乗るようにしていた。監督とマネージャーの立場の違いがあるのは当然の上、主催者の金銭的な負担を少しでも軽減したいという思いもあった。沙知代夫人も当初から「ウチの主人は新幹線は一人で大丈夫だから、あんたは普通車でいいのよ」とおっしゃっていたが、私自身も最初からそのつもりだった。ときどき主催者の方がマネージャーさんもグリーン車で、と気を遣ってくださることがあったが、固辞させていただいていた。

ところが特急では、グリーン車の設定がないこともある。そうなると監督の隣に座らせていただくことになるのだが、そういうときの監督はずっとしゃべっていた。もしかすると、新幹線でも隣にいてお話を聞いていたほうがよかったのかな、と思ったこともあったが、結局そうすることはなかった。いずれにしても、特急電車に乗っている間の1~2時間、長いときは3時間ほど、監督と二人っきりでお話しさせていただくのである。今考えても本当に贅沢な時間だった。

ところで講演の依頼は、新幹線+在来線では時間がかかりすぎるので、どうしても飛行機で行かなければならないところもある。北海道や九州のときだ。実は監督は、飛行機が大の苦手。ただ、どうしても乗らない、というほどではなく、こうした地理的な必要性があればしぶしぶながらも乗ってくださっていた。

飛行機でも監督は当然ファーストクラス、または設定がなければビジネスクラスなので、ラウンジなどを使用しようと思えば可能だったが、私が同行した限り監督が空港のラウンジに入ったことはない。歩く距離が長くなるのが嫌だったのだろう、いつも搭乗口近くの椅子で待っていた。

待っている間の監督は、「時間より距離だってな、体に負担がかかるのは」とよくおっしゃっていた。科学的な根拠はよくわからないが、移動時間が少ない飛行機の移動でも、距離が長いため体に負担がかかる、と感じておられたようだ。優先搭乗なども利用することはなく、いつも案内の最後のほうで搭乗するようにしていた。飛行機の中ですごす時間をできるだけ短くしたかったのかもしれない。

新幹線の場合と同じ趣旨で、私は飛行機でも普通席に乗るようにしていた。飛行機ではＣＡさんもいるので、監督を一人にすることに関しては新幹線以上に安心だ。ただ、新幹線であれば降車駅が近づいたら監督のおそばまで行き一緒に降りることができるのだが、飛行機ではそうはいかない。監督が先に降りられて一人で通路を歩いているところに追い着くべく、私はできるだけ早く降りて監督を追いかけなければならなかった。

飛行機での移動を伴う仕事の場合、監督は必ずA社を好んでいた。いわく、羽田空港での歩く距離が短いからなのだというのだが、私はあまり実感がなかった。しかしあるとき、飛行機も主催者側が手配したいということで、Ｂ社の航空券が送られてきてしまった。そして実際にA社とB社でそこまでの違いがあると認識していなかった私は、変更することなく当日を迎えてしまったのだ。羽田空港で監督に今日はB社便ですと伝えると「大丈夫かな……」と表情が曇ったが、往路では幸運なことに搭乗口はさほど遠くなかった。

羽田空港に比べれば地方の空港は小さいので、歩く距離はA社でもB社でも大差はない。講演そのものが大盛況だったこともあり、帰りの地方空港の待ち時間でもずっとしゃべっている監督のお話を、私はいつものように楽しく拝聴していた。B社便への不安は完全に忘れてしまっていた。復路の便に乗り込んで監督が着席されるのを見届けてから、「では、私は後方におります」「おう」といつもの通りのやりとりをした。

ところがだ。羽田空港に着陸し、いつものように急いで飛行機を降りて監督を探すのだが、どこにも見つからない。おかしいな、と思いながら到着便の出口を目指すのだが、やたらに遠い。「しまった、監督が嫌っていたのはこれだ」と焦ったがもう後の祭り。小走りで監督を探しながら、ついに出口に着いてしまった。途中でトイレにでも入られたのか、しかし一つひとつのトイレを探していては行き違いになる可能性もある。そう考えた私は、仕方なく出口付近で監督の到着を待つことにした。

とてつもなく長い時間に感じられたが、実際には5～10分後だっただろうか、ようやくこちらに歩いてくる監督が見えた。思わず駆け寄り「大丈夫ですか？」と尋ねた私に対し、監督はハーハー言いながら「わかったか！」と一言。そのあとは私の肩につかまりながらゆっくりと歩いて出口に向かった。

この件以来、飛行機の移動を伴うときは、絶対にA社を指定したことは言うまでもない。ご高齢の監督にしんどい思いをさせてしまい、この件を思い出すと今でも申し訳ない気持ちでいっぱいになる。

監督と「食事」

監督はよく食べる。晩年でも一緒に食事をさせていただくと、40代の私よりも多く食べていた。「この年になると楽しみがない。欲もない。食べることくらい」とボヤいていたのが印象に残っている。しかし現役時代はもっとたくさん食べていたのだろう。プロの世界で45歳まで現役を貫き数々の記録を残した監督の強さや耐久力を支えていた要因は食事だったのだと思う。

監督が70代の頃、都内での取材や出演であれば、沙知代夫人が終わる時間帯を見計らって現場にいらっしゃることが多かった。仕事が終わると仲睦《なかむつ》まじく二人で食事に出かけるのである。前述の通り監督の仕事はほとんどが夕方スタートなので、終わる頃には夕食にちょうどよい時間になる。この頃は監督のお仕事が終われば、私はお二人にご挨拶をして失礼するのが常だった。

お二人が食事をするレストランはいくつか決まっていて、監督も「3～4軒でローテーションを組んでいる」とおっしゃっていた。

番外編

メディアに出なかった素顔
――常に謙虚な姿勢

いつものように監督の仕事があったある日のこと。今日は珍しく夫人がいらっしゃらないな、と思っていると監督がおもむろに「今日このあと予定ある?」とおっしゃった。特にありません、とお答えすると、「じゃあ、ちょっとつき合えよ」と監督。そのまま車に同乗すると、「知り合いに食事に誘われてるんだけど、サッチーさんが来れないんだよ」と初めて聞かされた。

監督について行くと、都心にある高いビルの最上階のレストランで、5～6人の方々と食事の約束をしていたようだった。「今日、サッチーさんの代わり」と監督に短く紹介していただき、みなさまにご挨拶をした。レストランからの眺めがよかったことは記憶しているが、さぞかしおいしかったはずの料理の味は、緊張のせいかほとんど覚えていない。監督のマネージャーという立場で、しかも夫人の代わりとして来ている以上、下手なことはできない、と思っているうちに食事会も終わった。帰りに監督とお別れしたあとはドッと疲れを感じた。

その後監督が80代になると、3歳年上の夫人が現場にいらっしゃることが徐々に減っていった。監督は監督で、仕事が終わったら食事、という生活パターンは変えたくなかったようで、私を食事に誘ってくださることがだんだんと増えていった。監督と二人きりで食事させていただくなど完全に分不相応で貴重でありがたいことなのだが、夫人と二人で食事をされることが少なくなったという事実は、なんだか切なく感じられたものだ。

監督の取材で撮影を伴わない場合は、ある一流ホテルのカフェで行なうことが決まりだった。撮影を伴う場合、特に地方のテレビ局のインタビュー収録になると、同じホテルの会議室を押さえてもらっていた。仕事が終わるとそのカフェやホテル内のレストランで食事をすることになるのだが、一流ホテルだけにとてもおいしく、はっきり言えば高い。いつも監督が支払いをしてくださり、監督がお金持ちであることは重々わかっているとはいえ、毎回申し訳ない気持ちでいた。

実は一度だけ、「監督、大変生意気を申し上げるようですが……」「なんや?」「今日は、僭越ながら私にお支払いをさせていただけないでしょうか」と思い切って言ったことがある。しかし監督は笑いながら「10年早い。まあ、そのうち」と短くおっしゃった。「そのうち」は結局、実現しなかった。

監督と「プロ意識」

監督は現役を引退したのが1980年、ヤクルトの監督1年目は1990年である。この間の9年間、監督の肩書きは「野球解説者」で、特に日本経済が好調だったこともあり、講演に引っ張りだこだった。監督に言わせれば、都内の豪邸は「野球で建てたんじゃない。講演で建てたんだよ。講演ブームですごかったんだ」とのこと。その頃は講演のダブルヘッダーは当たり前、時にはトリプルヘッダーもあったそうだ。

それから時代は変わり、監督が楽天の監督を辞任したあとのある日。その日は私にとっては、講演は関係ないはずだった。監督のお仕事としては、神宮球場でのナイターのラジオ解説が入っていて、日中はその準備をしつつすごせばよいはずだった。しかし午後1時すぎに入った沙知代夫人からの電話は、そんな日常を一変させた。「悪いけど、今日6時から講演が入ってるのよ。都内だし30分で終わらせてそのあと向かわせるから」。なんと、ダブルブッキングである。しかもナイター開始時間と丸被りだ。夫人が「悪いけど」などとおっしゃることは滅多になく、本当に申し訳なく思っていらっしゃるのがわかったので、非難する気持ちにはなれなかった。

ヤクルト監督就任前の時代は沙知代夫人が監督のスケジューリングを一手に引き受けていたようで、それから30年ほど経っても直接、野村家に連絡が入ることがあるため、こうした事態も発生しうるのだった。私の会社以外にも監督の出演窓口になっている会社があって、そことは日常的に調整していたし、沙知代夫人には当然、案件ごとに予定を確認して仕事を入れるようにし、毎日のように連絡を取り合っていた。

それでも発生したダブルブッキング。ただ、私が15年マネージャーを務めた中で、ダブルブッキングは3回くらいだったと記憶しているから、夫人との調整はかなりうまくいっていたと言えるのではないか。もっとも、当日に発覚、しかも時刻が丸被り、というのは後にも先にもない、最悪の事態だった。

さて、私には最悪の事態を嘆いている時間はなかった。講演開始時間まで5時間もない。まず私はラジオ局の担当者A氏に連絡し、丁重にお詫びをした。その上で講演を30分で終わらせたあとの段取りを確認した。A氏と私が講演会場に赴き、終わり次第、監督と一緒に球場入りすることになった。会場から球場までは車で30分ほどと思われ、19時すぎ頃に到着できる見込みだっただけに、A氏も「ちょっと残念だけど、

メディアに出なかった素顔
――常に謙虚な姿勢

何とか大丈夫ですよ」と言ってくれた。

監督は、講演開始30分前くらいに会場に到着し、出迎えたA氏と私を見ても特に驚かず、事態をよく理解されている表情だった。自宅では、慌ただしくなるであろう今日の流れについて、夫人にしっかりとレクチャーを受けたのだろう。控室では確認のため、今日の講演時間は30分であることと、そのあとすぐに神宮球場に移動して解説をしていただくことを監督にお伝えした。監督も「わかった、わかった」と返してくださったので、A氏と一緒に安堵していた。「今日はそもそもダブル解説だから、序盤は江本（孟紀《たけのり》）さんにがんばってもらいましょう」と笑顔を交えて話すA氏の表情も柔らかかった。


講演会場は大きく、お客さんは200名くらいだったか。講演がはじまると、監督の話はいつも通りのペース。この感じだと南海に入団した辺りで30分経過し終わってしまうかも、などと思っていた私は、のんきで愚かだった。30分をすぎても、45分をすぎても、監督の話はいつも通り。60分が近づくと、それまで温和だったA氏もさすがに怒りの表情に変わっていた。「これはまずいですよ！　何とかしてくださいよ！」

私たちは、監督は時計を見ていないんじゃないかと思い込んでいた。

A氏と相談の結果、私が会場内の監督の正面に入り、監督にサインを送ることになった。しゃがみながら客席の間の通路を進み、真ん中あたりで監督に手を振る。腕時計を指さす仕草などをオーバーに何度も行なって、30秒くらいサインを送った。まわりの視線は大いに気になったが、私も必死だった。その間、監督と目が合ったような気もした。これでさすがに時計を見てくれるだろうと思い引き上げたのだが、それでも監督の話はペースアップしない。

イライラするA氏に突き動かされるように2度目を試みるも、変化なし。3度目を試みたところ、ついに監督から直接的な反応があったが、それは予想外のものだった。

「おまえ、うるさい！」と私を一喝したのだ。

少しざわつく会場を背にしながら再び控室に戻った私に対し、A氏はもはやあきらめの表情を浮かべていた。気持ちは私も同じだった。監督は、はじめから30分で終わらせるつもりなどなかったのだ。通常の講演時間は90分に設定されるが、ほとんどの場合、監督はこれをオーバーし100分はしゃべる。この日も司会者に止められるまでしゃべり続け、会場をあとにしたときは20時をすぎていた。

神宮球場に向かう車内では、「一流解説者の江本に任せておけばいいんだよ」などとぼやき、慌てた様子もなく普段と同じだった。解説者席に入ったのはなんと8回裏のこと。A氏をはじめとするラジオ局の関係者、江本氏、そして放送を楽しみにしてくださったファンのみなさまに対して、本当に申し訳ない気持ちでいっぱいだった。

後日、別な仕事の際に、思い切って監督に聞いてみた。「監督、なぜあの日、講演を30分で終わらせていただけなかったのでしょうか」。監督は一瞬、なんだそんなことを聞くのか、という目で私を見たあと、目を逸らしておっしゃった。「30分なんかじゃ終わらせられないよ」。そしてこう続けた。「みんな、楽しみに来てくれてるんだから。オレなんかの話を」

監督と「目明き千人、盲千人」

監督は現役時代に日々野球を研究して考え方の土台を作り、引退後は草柳大蔵氏を師と仰いで多くの書を読み知性を磨いた。同時に、9年間の解説者生活で考えていることを即座に言語化する技術を習得した。ヤクルト監督以降の数々の名言は、こうした土台や知性、そして言語化能力を背景に生まれたものだと、私は解釈している。その多くは講演会や著書で言及され人口に膾炙《かいしゃ》しているのだが、中には日の目を見ない「名言」もあった。

その代表的なものがこの言葉、「目明《めあ》き千人、盲《めくら》千人」である。世の中には道理や物事の本質がわかる人もいれば、わからない人もいる、という意味だという。これは監督のオリジナルではなく、広辞苑など辞書に掲載されている昔からの慣用句なのだそうだ。

いわゆる「放送禁止用語」ということでテレビなどのメディアはもちろん、放送ではない新聞、雑誌、著書、講演などにおいてもこの言葉を用いることはできない。そのため、監督のファンの中でもこの言葉を聞いたことがあるという方は少ないはず。「努力していれば見ている人は見ている。いつか必ず評価される」という大変前向きなニュアンスがあるのだが、監督の著書などではむしろこの「見ている人は見ている」が監督の好きな言葉として紹介されてしまうことが多かった。

監督も公にはこの言葉を使えないことを重々理解されていた。この言葉の意味を身をもって感じたのは、ヤクルトの監督就任要請が来たときのこと。

「南海では追われるように解任され、ロッテではコーチの立場があるから教えるなと言われて退団し、西武では引退すると言ったら慰留もされなかった。解説者になって、もう監督になることもないかもしれないと思っていたから、一流の解説者になろう、誰よりも優れた解説をしようと張り切った。9年間がんばっていたら、ヤクルトの相馬社長がそれを見てくれていた。『これぞ本物の野球』と高く評価してくれて、監督に招聘してくれた。それで思ったんだよ、ああ、見ている人は見ているんだな。目明き千人、盲千人だな、と。本当にいい言葉だと思わないか」

監督はいつもこの言葉を口にするとき、とても力強く、誇らしく言う。それだけこの言葉が好きで、思い入れも強いのだということが伝わってきた。自らの教え子に対しても、この言葉を引き合いに出して人生論を説くことがあったようだった。

しかし、著書でもインタビューでもメディアを通してしまうと、この言葉は「見ている人は見ている」に変更される。そんなとき、いつも監督は「ちょっと違うんだよな。ニュアンスが違うと思わない？」と毎回のように悔しがっていた。「本当にいい言葉でオレも大好きなんだけど、使えないんだよ」と言う監督は、やや怒気を含んでいるようにも見えたものだ。

そして、マネージャーである私にもとばっちりが。「おいトーダイ。何かいい言葉ないのか。考えてこい」。最初は本当に考えようと思い、辞書を引いたりネットで調べたり、何か新しい言葉を作り出せないかと一生懸命考えた。しかし私の能力では到底及ばず、よい案が浮かぶはずもない。一度だけ「考えてきたか?」と聞かれたこともあったが、「すみません、なかなかいい言葉が見当たりません」と答えるしかなかった。監督のご要望に応えられないまま、今に至っている。

監督と「沙知代夫人」

野村夫妻と言えば、一時は日本一有名なおしどり夫婦だったのではないか。監督がヤクルトで優勝を重ねると、沙知代夫人のメディア出演も増えていった。夫婦そろって出演することも多く、夫人が監督に厳しいことを言っているシーンがほとんどだったが、二人で仲良さそうにしているシーンも決して隠そうとはしなかった。晩年には沙知代夫人が投手、監督が捕手で始球式を行なったこともある。二人とも本当に素敵な笑顔だった。

番外編

メディアに出なかった素顔
――常に謙虚な姿勢

一般的には、沙知代夫人は歯に衣着せぬ言動が売りで怒鳴ることも多くプラス思考、監督は口数も少なく朴訥《ぼくとつ》とした話し方でマイナス思考、というイメージだろう。そのためメディアの前でもそうだったように、常に夫人が物事を決めて監督をリードしている、という夫婦関係が想像されるのだと思う。他ならぬ監督自身が『女房はドーベルマン』というタイトルの本を遺し、「オレは球場でも家でも女房役」と公言して恐妻家であることを標榜していたからなおさらだ。ただ、実態はちょっと違ったのではないかという印象を、私は抱いている。

私が監督のマネージャーになった頃、夫人ご自身の出演はほとんどなかった。そのため当初は、夕方からスタートする監督の取材や出演の終了時刻に合わせて、夫人が毎回のように姿を見せていた。監督の仕事の終了後、二人で食事に出かけるためである。

慣れているメディアにとってはいつものことだったが、慣れていないメディアにとってはこの上なく緊張する状況だ。緊張のためか取材の終盤が駆け足になってしまうことも少なくなかったし、取材後、監督よりもむしろ夫人への挨拶のほうが丁重になってしまう方も少なくなかった。後日、「いやぁ、奥様がいらっしゃって最後は緊張しましたよ」と打ち明けられることもしばしばだった。

ただ当の沙知代夫人はほとんどの場合、現場に現れてもおとなしく終了を待っていた。撮影を伴わない取材であれば都内のホテルのカフェで行なわれることが多かったのだが、夫人は隣の席で邪魔をしないように紅茶を飲んでいる。「ちょっと」と私に話しかけて「早く終わらせてよ」などとおっしゃったことは5回もあっただろうか。何百回と取材に同行した中での5回だから、極めて少なかったと言えるだろう。そう、一般的なイメージのように傍若無人な振る舞いをすることはまずなかったのだ。

取材が終わってメディアのご一行を見送ると、監督と夫人の前に私が一人で座ることになる。私にとっても緊張する瞬間だったが、初期の頃はたいてい夫人がすぐに「じゃあ、あんたもういいわよ」と言ってくれて私は即座に失礼することが多かった。厄介払いのようにも思えたが、ホッとしていたのも事実だ。

しかし少し慣れてくると、お二人の夕食の相談を目の前でお聞きすることも増えた。「今日、何にする?」「何でもいいわよ」「それじゃ決まらないよ」などと取り留めのない内容なのだが、仲のよさは伝わってきて私もほっこりさせられる。ある程度時間が経つと夫人はいつものように私に向かって、「じゃあ、あんたもういいわよ」とおっしゃるのだ。

このように、沙知代夫人が毎回のように現場にいらしていたのは2010年をすぎたあたりまでだったと思う。2010年代に入るといらっしゃる頻度がだんだんと減っていった。同時に、夫人はだんだんではあるが耳が聞こえづらくなっていたようだ。「今日はどうする?」「えぇ?」「晩飯だよ。○○寿司でいいか?」「聞こえないのよ。もっと大きな声で話しなさいよ!」「大きな声でしゃべってるよ!」こんなやりとりをして、夫人がにこやかに私を見ながら「まったく、ねぇ。いっつもこうなのよ」と話しかけるのだ。私も笑顔で返す他なかった。

「耳が遠くなってるんだよ!」「しゃべり方が悪いのよ!」などというやりとりをされることもあったが、お互いに大声で文句を言っているもののトゲはない。まさに熟年夫婦のやりとりで微笑ましかった。この頃は、沙知代夫人から私自身が怒鳴られることもめっきり減り、お二人の会話をとても平穏な気持ちで聞いていた。こんな微笑ましい日々がいつまでも続くのではないか、という気持ちになっていた。

しかしそれも長くは続かなかった。夫人はついに現場にはほとんど現れなくなり、用事があって電話をしても私のことを認識してくださらないことが増えていった。ご自宅に伺っても認識してもらえないことがあり、「あらどうも、いつもお世話になってます」などと言われて最初はびっくりした。「あんた、何やってんのよ！」と怒鳴る沙知代夫人はもうそこにはいなかったのだ。寂しく思えて仕方なかったが、その一方でこういう丁寧な対応をするのが、沙知代さんの本当の人柄なのかもしれないな、と考えたりもしていた。

私が監督の個人事務所から離れて独立した翌年、沙知代夫人がお亡くなりになった。「監督はものすごく落ち込んでいる様子だった」とテレビを見た多くの知人が言っていた。実は私自身は、監督が話している内容やしゃべりのトーンを聞いていても、そこまで落ち込んでいらっしゃるとは感じなかった。

ただ、沙知代夫人の一報を受けて監督のご自宅に向かったメディアに向けて、玄関の前で対応していた監督は無精ひげ姿だった。無精ひげを生やして人前に、そしてメディアの前に出ていたことには大変驚いた。ひげを剃るという身だしなみに誰よりも厳しかった監督が、無精ひげ姿で現れている。この事実そのものが、監督の落ち込みの深さを如実に表していたと思う。後にも先にも、監督がこんな姿で人前に出たことはなかったはずだ。

振り返ればまだ夫人がお元気な頃、ホテルのカフェでの取材のあとに、「オレより先に逝《い》くなよ」「そんなのわかんないわよ！」というやりとりをしていたことがあった。それも１度や２度ではない。監督は、２度の大病を経験されたこともあり、野球で身体を酷使した自分が夫人より先に逝くと信じていたのかもしれない。そして、そうならないことを恐れていたのだと思う。私自身も、夫人は１００歳までは元気でいらっしゃるのではないか、と勝手に思っていた。

夫人に先立たれたあとも、私は監督のお仕事をさせていただいた。数は少なくなりお会いする頻度はめっきり減ったが、仕事をしているご様子は以前と変わらなかった。夫人がお元気だった頃は、「忙しすぎるよ。何とかしてくれ」と仕事の多さに文句を言う監督に対し、夫人が「声のかかるうち、仕事のあるうちが花よ！」と切り返していたが、監督も夫人の意見に納得してお仕事を続けていたのだと思う。

監督は私と二人きりになるとよく、沙知代夫人の昔話をしてくれた。「サッチーにはだまされた。前の旦那のこと、子どもたちのこと、ずっと嘘をついていた。いまだに本当のことを言わない」「東京で出会って、ちょうどいいと思ったんだよ。東京に来たときに会えればと」「オレの理想は控えめな女性。サッチーとは正反対。カツノリがいなけりゃ逃げてた」「南海のときと阪神のとき、奥さんが原因で2回、監督を解任されている」などなど、そのほとんどは否定的な内容だ。

ではなぜ、最後まで仲のよいおしどり夫婦だったのか。原点は南海の監督を解任されたときにあったようだ。

「いきなり解任されて、身のまわりのものだけ持って車で東京に向かった。まだ移籍先も決まっていなかったし、何のプランもない。これからどうしようかと途方に暮れていたんだけど、車の中で奥さんが一言、『どうにかなるわよ』。これで救われた。なんだか身体の力がスーッと抜けてな。ああ、この女とならやっていけるんじゃないか、って思えたんだ」

言葉を誰よりも駆使して「野村野球」を築き上げた監督。人生最大の危機を救ったのは、最恐最愛の妻の楽観的なたった一言だった。

おわりに

「王、長嶋が太陽の下に咲くひまわりなら、オレは月の下にひっそりと咲く月見草」

通算600号本塁打を記録した試合後の取材で、監督はこのように語ったと言われている。今では想像もつかない話だが、当時はセ・リーグとパ・リーグの人気の差は天と地ほどあった。巨人が本拠地とする後楽園球場は連日4万人の超満員だったのに対し、監督率いる南海の試合は公式発表でも数千人。実際には千人に満たない試合も少なくなかったようだ。打撃タイトルを獲っても優勝してもスポーツ紙の一面は巨人や阪神の話題。そうした境遇を表現できるような談話を何日も前から考えていたと、監督は振り返っていた。

さて、この談話そのものはとても有名で、昭和以来の野球ファンなら一度は聞いたことがあるはずだ。ただ、監督がなぜ月見草にちなむコメントを遺したのか、監督と月見草との「縁」の話は、あまり伝わってはいないのではないか。

監督は3歳のときにお父さんが戦死して母子家庭となったこともあり、幼い頃からとても貧乏な家庭に育った。当時は子どもを働かせてはならないという法律も常識も今ほどは厳しくなく、貧乏な家庭にいれば子どもでも働くのが当たり前だったそうだ。「夏はアイスキャンディーが飛ぶように売れた。田舎で農家が多かったから、子守もしょっちゅうやった。昼寝させるとこっちも楽だから寝かしちゃうんだけど、そうすると夜寝てくれないって叱られたよ。新聞配達もやったなぁ。正月三が日はわざと大きい声で『おはようございます！』って配りに行くと、お年玉をくれる家もあった」と、ご自身の多種多様なアルバイト経験を話してくれていた。

何とか食料を増やしたいと、日本海に面した砂浜近くで小さな畑を作ったこともあったという。お兄さんと一緒に耕して毎日水をやり、やっとの思いで収穫できたサツマイモは「こんなに小っちゃいの」だったと笑っていた。

農作業をしていて遅くなってしまうこともあり、暗がりを歩いていたある日、道端に咲くキレイな花を見つけた。家に帰ってお母さんに「こんな夜なのにキレイな花が咲いていたよ。夜に咲く花もあるんだねぇ」と話しかけると、「あぁ、それは月見草って言うんだよ」と教えてくれたそうだ。「昼間じゃなくてもキレイに咲く花って不思議だなぁ。そういう花もあるんだなぁ」と、少年時代の監督に強い印象を残していた。

そして月日は流れ、監督は、プロ野球という本来は華やかなはずの世界でどんなに活躍してもほとんど注目されない自身の境遇を、この月見草になぞらえたのである。陽は当たらなくても、見ている人がほとんどいなくても、自分がやるべき仕事を一生懸命やる。その積み重ねが600号本塁打という形になった。それだけではない。600号以降も現役引退後も、監督はその姿勢を貫き続けた。その結果が、選手と監督、ダブルでの3000試合出場という偉業に結実した。さらには現在の野球界に数多くの優秀な人材を遺したことが、監督の真摯な仕事ぶりを証明している。

監督と月見草には、こうした幼少期からの「縁」があったのである。

それはそれは苦しかったであろう少年時代のことを、監督はいつもどことなく懐かしそうに話していた。母子家庭だったことに加え、お母さんは、監督が小学生の頃に2度のガンを患って無理がきかなくなり、貧乏に拍車がかかった。それでも小さな部屋で三人肩を寄せ合って暮らす中で、お母さんは精いっぱいの愛情を監督に注いだのだろう。

監督は後年、人として薄情な振る舞いをする人のことを、「あいつは母親の愛情を受けて育ってない」と語ることがあった。裏を返せば、監督ご自身はお母さんの愛情を受けて育ったという実感があるのだ。大変な貧乏ではあったが、幸せでもある少年時代だったのだろう。

そんな少年だったからこそ、貧乏で忙しい生活の中でも荒むことなく、道端の月見草の美しさに気がついたのかもしれない。

本文中にもあるが、監督はご自身もおっしゃっているように、不器用で誤解されやすい。監督が亡くなったあと、そうした誤解がそのままになっているのは、マネージャーとして至極残念に思えた。監督の真のお姿、真の魅力を伝える手段は何かないだろうか。ある雑誌の編集者と話をしていると、それなら監督に関する記事を書かないか、とすすめられた。

私はプロのライターでもないし、監督の薫陶を受けた教え子の野球選手でもない。私のような者が監督に関する記事を書いてよいのだろうか。私にそんな資格があるのか、はなはだ僭越に思えた。ただ、締め切りは設けず書けるときに書いてみて、掲載するかどうかは編集者が判断する、というスタイルが功を奏した。数々ある監督との思い出を文章化すべく、自分の中で熟考する時間を確保できたのである。

また、記事は電子版に掲載されて読者のコメントも目にするため批判はこわかったが、それが逆に、自分なりに質の高いものを書こうという緊張感をもたらした。こうした周辺環境にも助けられ、一つひとつ積み重ねて結果的に多くの記事を書くことができた。そうこうするうちに別の出版社の知人が私の記事を目にしてくれて、野村監督に関する本を書かないか、という話になったのである。

その頃までにはかなりの数の記事を書き、代理人としての経験も活かしてＭＬＢに関する記事なども書いていた。しかし、本は雑誌に書くような文章を多数束ねたもの、くらいに認識していたのは大きな間違いだった。実際には大変な作業で、初心者の私には終わりのない長旅に感じられた。文章を考えながら監督とのやりとりを思い出しつつ、監督なら何とおっしゃるだろう、などと考えることもあった。

「そんな簡単なもんじゃないよ」とか「おまえで大丈夫か」などとおっしゃる姿しか思い浮かばなかった。

監督が亡くなったあとのある冬の日、息子が唐突にスノーボードに行きたいと言い出した。首都圏にある屋内ゲレンデも考えたが、息子はこのあと進学に伴い実家を出て寮に入る予定になっていたため、しばらくは家族旅行もできない。どうせなら宿泊で、できれば温泉でと話が膨らみ、スキー場にほど近い温泉のあるホテルに一泊することになった。

ちょうど本書の企画が持ち上がっていた頃のことである。私なんかで大丈夫だろうか、私が書いていいのだろうか、などと迷いがあった頃だ。自信も資格もないと、断る、いや逃げるなら今かもしれない、という思いもあった。

ゲレンデで半日をすごし、夕方、ホテルに到着して案内された部屋はなんと「さつき」だった。「さつき」は、監督が取材を受けるときにいつも指定していた都内のホテルのカフェの名前である。それだけでも何やら「縁」を感じたのだが、さらに驚いたことに隣の部屋は「つきみそう」だったのだ。

たまたまの偶然であり、完全に都合のよい解釈なのは重々承知であるが、強い「縁」を感じずにはいられなかった。「つきみそう」に宿泊客はいなかった。私には霊感はなくそうした経験をしたこともないので、ここでも何事も起きなかった。しかしそれでも、電気を消して就寝するときには、「何かの縁かもしれない。やっぱり逃げちゃいけないな」という気持ちになったのである。

そんなこともあって本書に取りかかったのだが、完成させることができたのは多くの方々のご協力があったおかげである。

監督のご子息である野村克則《かつのり》氏ご夫妻、監督の教え子でもある山﨑武司氏をはじめ、多くのプロ野球ＯＢや関係者のみなさまに、心から感謝の気持ちを申し上げたい。また、私が以前勤めた代理人事務所のオーナーである団野村氏は野村沙知代さんの長男であり、その「縁」がなければ私が監督のマネージャーになることもなかった。監督との「縁」をつないでいただいたことについて、心から感謝申し上げたい。

そして日本実業出版社のみなさまには、私の経験不足、能力不足から多大なるご迷惑をおかけした。最後まで日々導いてくださったことを、心から御礼申し上げたい。

野村沙知代さんのご指導は、厳しいながらも対人関係で役に立つことが多かった。最後まで監督のお仕事をさせていただくことができたのも、沙知代さんの存在あってこそである。沙知代さん、本当にありがとうございました。

最後に誰よりも感謝を申し上げなければならないのは、他ならぬ監督ご自身である。監督、本当に、本当に、ありがとうございました。

気がつけば私も、通訳、代理人、マネージャーと野球界で日陰の役割ばかりをこなしてきた。監督という日本一大輪の「月見草」のかたわらで、いるのかいないのかわからないくらい小さな「つきみそう」だと言ったら、「なにパクッとるんや！」と監督に叱られるだろうか。

小島一貴（こじま　かずたか）
1973（昭和48）年生まれ。東京大学法学部卒。高校まで野球を続けるも肩を故障する。大学卒業後に単身渡米。サンフランシスコ州立大で自身の肩の治療も兼ねて運動学を専攻。2001年、トレーナー見習いとして独立リーグ球団エルマイラ・パイオニアーズに入団するが、日本人選手獲得により通訳を兼務。同年オフ、プエルトリコのウィンターリーグにて故・伊良部秀輝氏の通訳を務める。2002年、MLBテキサス・レンジャースにて同選手の通訳。2003年より代理人事務所にて勤務。2006年より故・野村克也監督のマネジメントを担当。以後、2016年の独立を経て氏の逝去直前までマネジメントを担当した。並行してアジアでプレーする外国人選手の代理人や、北米でプレーする日本人選手の代理人を歴任。2020年から光文社『FLASH』にて野球記事を不定期連載しており、コアな野球ファンからの人気が高い。

人《ひと》を遺《のこ》すは上《じょう》

2023年2月10日　初版発行

著　者　小島一貴
発行者　杉本淳一

発行所　株式会社日本実業出版社　東京都新宿区市谷本村町3-29　〒162-0845
編集部　☎03-3268-5651
営業部　☎03-3268-5161　振　替　00170-1-25349
https://www.njg.co.jp/

印刷／壮光舎　製本／共栄社

ISBN 978-4-534-05976-5　Printed in JAPAN